新时代高校
思想政治教育的创新理路与关键问题

○ 王石径 著

华中师范大学出版社

新出图证(鄂)字 10 号

图书在版编目(CIP)数据

新时代高校思想政治教育的创新理路与关键问题/王石径著.—武汉:华中师范大学出版社,2021.6

ISBN 978-7-5622-7200-7

Ⅰ.①新…　Ⅱ.①王…　Ⅲ.①高等学校—思想政治教育—研究—中国　Ⅳ.①G641

中国版本图书馆 CIP 数据核字(2021)第 135367 号

新时代高校思想政治教育的创新理路与关键问题

XINSHIDAI GAOXIAO SIXIANG ZHENGZHI JIAOYU DE CHUANGXIN LILU YU GUANJIAN WENTI

© 王石径　著

责任编辑:王中宝　　**责任校对**:骆　宏

封面设计:胡　灿

编辑室:综合编辑室　　**电话**:027-67867370

出版发行:华中师范大学出版社

社址:湖北省武汉市洪山区珞喻路 152 号　　**邮编**:430079

电话:027-67863426(发行部)　　**传真**:027-67863291

网址:http://press.ccnu.edu.cn　　**电子信箱**:press@mail.ccnu.edu.cn

印刷:武汉邮科印务有限公司　　**督印**:刘　敏

开本:710mm×1000mm　1/16　　**印张**:7

版次:2021 年 6 月第 1 版　　**印次**:2021 年 6 月第 1 次印刷

字数:118 千字　　**定价**:38.00 元

欢迎上网查询、购书

前　　言

党的十八大以来，以习近平同志为核心的党中央把高校思想政治教育放在中国特色社会主义战略全局高度，重点部署，系统推进，形成了一系列新思想、新观点、新举措，对高校思想政治教育研究和实践具有重要时代价值和深远指导意义。习近平在党的十九大报告中明确指出："经过长期努力，中国特色社会主义进入了新时代，这是我国发展新的历史方位。"伴随着中国特色社会主义进入新时代，高校思想政治教育也迈向了新的历史征程。随着当前高校思想政治教育实践的不断深化，对理论的创新发展提出新的要求，如何用习近平新时代中国特色社会主义思想铸魂育人，推动新时代高校思想政治教育增强创新性、注重科学性、体现有效性，深化对高校思想政治教育的关键问题的认识，是摆在高校思想政治教育工作者面前的一项重要而紧迫的任务。

本书以习近平新时代中国特色社会主义思想为理论指导，从新时代思想政治教育改革创新的方法论出发，以"事""时""势"为基本范畴，把握"行""理""人"关键要素，阐述了事因法、时因法、势因法的本质来源、内在逻辑、实践依据。事因法引导高校胸怀"两个一百年"的宏伟目标，建设中国特色社会主义，实现中华民族伟大复兴中国梦这一"国之大者"，奠定新时代高校思想政治教育改革创新的实践基础；时因法启示我们聚焦百年未有之大变局、放眼世界千年时代变迁，印证新时代大学生思想政治教育与时俱进的理论特质；势因法指导人们顺应历史潮流、观察世界大势，提出新时代高校思想政治教育的理路遵循。因事而化的事因法、因时而进的时因法、因势而新的势因法指导高校思想政治教育在改革创新过程中谋事敦行、视时达理、循势化人，这一改革创新科学方法论体现出实践性、辩证性、人文性的深刻哲理，只有全面理解把握其核心要义，学懂、弄通、悟透习近平新时代中国特色社会主义思想"思政篇"的现实逻辑、时代逻辑、发展逻辑，才能掌握发展中的当代马克思主义指导高校思想政治教育的正确方法。

新时代高校思想政治教育不是在真空中进行，意识形态特别是思想理论领域的斗争尖锐激烈，拨开社会思潮特别是西方主流社会思潮的迷雾，不畏浮云遮望眼，坚定对马克思主义理论特别是中国特色社会主义理论体系的自信，是有效开展高校思想政治教育的前提条件。当前，社会思想观念日趋活跃，主流非主流同时并存，加强社会思潮的比较辨析显得尤为重要。新自由主义作为西方的思想理论基础和社会核心价值，对我国当代大学生的影响相对其他西方思潮更具系统性、根本性、长期性、复杂性。事实上，由于自由主义在西方的影响之大、渗透之广，已经融入现代西方社会的骨髓，成为西方社会语言系统中一个无所不在的基本词语，是一个相对复杂的话题。笔者在研究中发现，不少研究论文及专著在批判新自由主义时，往往偏离自由主义基本理念进行所谓的批判。正如美国学者罗森布拉特在《自由主义被遗忘的历史：从古罗马到21世纪》中所说："自由主义是一个备受争议、引发激烈论战的概念。一些人认为它是西方文明对人类的馈赠，另一些人则认为，它是西方衰落的原因。批判和捍卫自由主义的著作可谓汗牛充栋。""我们对自由主义的理解相当混乱。人们对这个名词的用法各不相同，通常是无意识的，有时则是刻意为之。结果是鸡同鸭讲，完全不可能展开理性讨论。在谈论自由主义之前，最好先搞清楚我们在讲什么。"对于从事新自由主义批判研究的学者来说，的确值得注意。本书尝试就国内理论界批判新自由主义影响较大的研究观点作出澄清评析，努力给出笔者认为的"正确定义"。当然，就像是笔者批判他人的"批判误区"一样，其他研究者也可对本书给出的"正确定义"予以批判，判定的标准就是以习近平新时代中国特色社会主义思想为理论指导，综合自由主义的发展历程、价值取向和思想谱系特征，进行文本的比较、概念的分析、演绎与推理。

高校思想政治教育内容丰富多样，涉及领域比较广泛，但无论如何不能缺"根"少"魂"，社会主义核心价值观培育是新时代思想政治教育强基固本、凝魂聚气的基础工程，聚焦培育和践行社会主义核心价值观是高校思想政治教育的根本途径。党的十九大提出，社会主义核心价值观教育要以培养担当民族复兴大任的时代新人为着眼点，发挥社会主义核心价值观对国民教育的引领作用，把社会主义核心价值观融入社会发展各个方面，充分体现出培育和践行社会主义核心价值观对高校思想政治教育具有基础性规定性的重大意义。

二十世纪后半叶以来，随着科学技术的不断进步和社会生产力的飞速发展，大学教育重科学知识轻人文素养、重专业技能轻思想引导的现象开始凸显，功利化、工具化的倾向日趋严重，人们痛感大学人文精神的失落与匮乏，在高校思想政治教育中，提倡营造人文环境，呼吁彰显人文精神，源于对教育本质的回归和对人的全面发展的关注，力图回应高校思想政治教育“人学空场”的质疑，努力实现思想政治教育由社会范式研究视角到人学范式研究视角的转向。这也意味着，把实现人的自由而全面发展作为最高标准，坚持把尊重人、解放人、发展人和成就人的价值取向真正落实到高校思想政治教育全方位、全过程，从而使思想政治教育契合大学生心灵深处对真理的向往和对精神信仰的渴望，不断挖掘大学生心底蕴含的良善道德意愿和道德情感，厚植思想政治教育的着力支点和深厚土壤。

互联网技术的迅速发展和推广运用催生了信息社会的革命性力量，新媒体时代悄然而至，各种新媒体平台载体纷至沓来。新媒体在不知不觉中逐渐改变着人们的生活习惯，特别是大学生的学习生活习惯。当代大学生有了更多自我学习和发出自己声音的渠道，各种思想碰撞日趋频繁，多元文化的交锋日益明显，新媒体已经成为大学生思想成长的崭新平台。因此，科学认识新媒体时代的传播特点和发展阶段，进而分析新媒体时代对大学生思想政治教育的影响，探索新媒体时代高校思想政治教育的新方法，对于加强和改进新时代高校思想政治教育意义重大。

高校辅导员队伍伴随思想政治教育的创新发展应运而生，发展壮大。辅导员是高校教师队伍的重要组成部分，是大学生思想政治教育的专职队伍和骨干力量，是大学生思想道德建设的指导者和引路人。加强高校辅导员政治建设，打造一支政治过硬的辅导员队伍是抓好大学生思想政治教育队伍建设的基础之举。结合时代特点，建立健全高校辅导员入职、培训、考核、晋升机制，充分发挥职业培训、考核评价在辅导员职业生涯发展中的作用，把职业培训经历、考核评价结果与辅导员职称评聘、提拔任用、教育培养等紧密结合起来，激励辅导员不断夯实自身职业道德基础，是高校辅导员队伍建设走上专业化、职业化、制度化、科学化轨道的必然要求。

志愿服务是指以不求回报为前提，以改善社会或弱势群体生活环境等为目标，自愿付出时间或精力的服务工作。党的十八大提出要发展高校志愿服务活动。党的十九大为高校志愿服务制度化建设奠定基础，十九届五中全会明确要求畅通和规范志愿者参与社会治理的途径。由此可见，在高校大力弘扬“奉献、友爱、互助、进步”的志愿精神，大力促进志愿服务事业的发展进步是时代之需、使命所系、人民所盼，是社会主义核心价值观的实践要求，是思想政治教育的客观需要。志愿服务将校园学习和终身学习、学校教育和社会教育、课堂教学和实践教学充分结合，是高校落实“立德树人”根本任务，实现“三全育人”鲜明导向的有效途径。随着新时代文明实践的大力推动，志愿服务的育人价值必将得到进一步彰显。

围绕新时代高校思想政治教育的创新理路与关键问题，全书共分为八章进行研究和阐释。第一章以习近平在全国高校思想政治工作会议上的重要讲话精神为指南，开展对习近平关于高校思想政治教育的系列重要论述中所蕴含的高校思想政治教育改革创新方法论的研究，是全书的总纲。本章分为事因法、时因法、势因法等三节，掌握事因法之要在于因事而化，行在当下，知行合一，入心化行；掌握时因法之要在于因时而进，言之有理，以理服人，理直气壮；掌握势因法之要在于以人为本，人文关怀，以文化人。

笔者在长期研究中，特别是在南京大学哲学系攻读博士期间，着重研究西方各类思潮和自由主义这一主流思潮，并结合我国高校思想政治教育进行比较研究，尝试对当前理论界尤其是高校思想政治教育研究中，从事新自由主义批判的误区进行的再批判。第二章分别从古典自由主义到新自由主义的历史流变、对新自由主义的批判误区、新自由主义思潮的现实影响等三节叙述展开。

第三章分社会主义核心价值观的时代内涵、社会主义核心价值观教育的原则遵循、社会主义核心价值观与人文素养培育的辩证关系等三节加以论述。大学生身处世界多极化、经济全球化、文化多样化、社会信息化的时代，多元价值的不可通约性和内在张力是现代社会的必然，这就决定了高校成为各类意识形态交锋交流交融的重要场所。个人价值选择的自主性和社会价值的多样性业已成为当代大学生价值观念变化的一个显著特点，如何把社会意志和力量凝聚起来，成为高校思想政治教育的重要研究内容。当今世界正经历新一轮大调整、大变革、大发展，国际国内形势的深刻变化使高校意识形态领域面临着错综复杂的局面，这就决定了高校思想政治教育必须把培育和践行社会主义核心价值观作为凝魂聚气的基础建设和根本任务一抓到底。

第四章中笔者分别从人文素养培育的精神土壤、人文素养培育是思想政治教育的现实需要、人文素养培育的有效途径等三个方面，在对大学生人文素养的渊源、高校人文素养培育的探索实践梳理的基础上，就大学生人文素养培育的方式手段进行研究探讨，是对大学生思想政治教育中“人学空场”责备的具体阐释和粗略回应。体现社会主义核心价值观引领下的大学生人文素养培育的人学范式转向与回归。

第五章论述了新媒体——高校思想政治教育的崭新平台。当今网络和数字技术裂变式发展，带来舆论生态的巨大变化和媒体格局的深度调整。本章分为三节，分别从新媒体时代大学生思想政治教育的内涵与特点、新媒体时代对大学生思想政治教育的深刻影响和新媒体时代大学生思想政治教育的对策思考三个方面对互联网这个没有硝烟的崭新战场和新媒体这个信息互动平台给予较为详尽的分析，在揭示新媒体的主要特点和互联网的传播规律的同时，有针对性地采取多种形式，提高用网管网治网水平，使互联网新媒体这一最新变量转化为高校思想政治教育的最大增量，此处着墨较多。

第六章分别从高校辅导员队伍面临的机遇与挑战、高校辅导员队伍的政治建设和队伍建设的若干举措进行研究阐释。面对难得的机遇、严峻的挑战和繁重的任务，建设一支政治过硬、信念坚定的高校辅导员队伍迫在眉睫。政治过硬的辅导员队伍必须坚定政治信仰、把准政治方向、强化政治担当、增强政治能力，努力提升政治领悟力、政治鉴别力、政治判断力和政治执行力。在此基础上，高校要着力建设政治化、专业化、职业化的高校思想政治教育骨干队伍。

第七章重点论述大学生志愿服务的内涵及特点、志愿服务对高校思想政治教育的重要作用、以志愿服务为载体助推高校思想政治教育创新发展等内容。志愿服务作为大学生美好生活愿景的道德实践具有重要实践价值，高校应通过深刻认识志愿服务的自愿性、公益性、无偿性及组织性特征，发挥志愿服务在思想政治教育中培养大学生社会责任感、拓展大学生成长空间、促进大学生全面发展中的重要作用，充分挖掘志愿服务先进典型、精心设计志愿服务活动项目、切实加强志愿服务积累传承，从而为高校思想政治教育创新发展树立标杆、营造氛围、提供动力。

第八章论述高校思想政治教育的样本借鉴。2013 年 12 月 5 日，中共中央总书记、国家主席、中央军委主席习近平给华中农业大学本禹志愿服务队回信，勉励青年志愿者“与祖国同行，为人民奉献，以青春梦想、用实际行动为实现中国梦作出新的更大贡献”，本禹志愿服务队从此走进人们的视野。本章第一节专题介绍华中农业大学本禹志愿服务队在助力脱贫攻坚、参与抗击新冠疫情、服务第七届世界军人运动会中的思路做法和时代价值。笔者曾在香港科技大学人文社会科学学院攻读硕士，对该校的人文素养培育比较了解，故在第二节对香港科技大学全人教育给予较为详细的分析介绍，以资借鉴。新媒体时代的来临使人们对高校思想政治教育网络发声的切入点多有期待，第三节对华中农业大学红微工作室的运作模式从新媒体时代青年社会主义核心价值观教育的新要求、青年社会主义核心价值观教育存在的问题厘清、青年社会主义核心价值观教育的微路径等方面予以详细推介。

总之，笔者虽然竭力对新时代思想政治教育的方法论、价值观、队伍建设、平台载体、样本借鉴等方面进行了研究探讨，但囿于自身能力、学识水平所限，相关工作仍有待进一步深入。研究紧扣时代，理论揭示规律，只有不断加强理论创新、始终注重实践升华，才能实现高校思想政治教育的崇高价值，推进大学生思想政治教育研究的深化拓展。

目　　录

第一章　方法论
——高校思想政治教育的创新理路

方法论是人们认识世界、改造世界的根本方法。它是人们用什么样的方式、方法来观察事物和处理问题，以解决问题为目标的体系和系统，是普遍适用于各门具体科学并起指导作用的范畴、理论、方法和手段的总和。根据其层次不同而有哲学方法论、一般方法论和具体方法论之分。思想政治教育方法论是关于思想政治教育方法的理论体系，是构建思想政治教育元理论的重要基石。高校思想政治教育创新发展的方法论就是以马克思主义哲学为哲学方法论指导，对当代大学生思想政治教育创新发展的一系列具体的方法进行分析研究、系统总结并最终提出较为一般性的原则总和。

习近平在党的十九大报告中指出："实践没有止境，理论创新也没有止境。世界每时每刻都在发生变化，中国也每时每刻都在发生变化，我们必须在理论上跟上时代，不断认识规律，不断推进理论创新、实践创新、制度创新、文化创新以及其他各方面的创新。"① 这为新时代高校思想政治教育改革创新提供了指引。党的十八大以来，以习近平同志为核心的党中央高度重视高校思想政治教育，提出了一系列新理念、新判断、新要求，构成了习近平新时代中国特色社会主义思想的"思政篇"。习近平指出："做好高校思想政治工作，要因事而化、因时而进、因势而新。要遵循思想政治工作规律，遵循教书育人规律，遵循学生成长规律，沿用好办法，改进老办法，探索新办法，不断提高工作能力和水平。"② 这是以中国传统哲学为底色，运用马克思主义哲学特别是中国化的马克思主义哲学分析高

---

① 《习近平谈治国理政》第三卷，外文出版社 2020 年版，第 21 页。

② 习近平：《把思想政治工作贯穿教育教学全过程　开创我国高等教育事业发展新局面》，《人民日报》2016 年 12 月 9 日。

校思想政治教育实际提出的科学论断，是对新时代思想政治教育方法论的丰富和发展，对提升高校思想政治教育理论与实践的科学化水平，具有重要的时代价值和方法论意义。

“事”“时”“势”是中国传统哲学的基本范畴，也是中国化马克思主义哲学的重要来源。因事而化揭示了新时代高校思想政治工作的“事因法”，引领我们立足当下大事——建设中国特色社会主义、实现中华民族伟大复兴中国梦，构成新时代高校思想政治教育改革创新的实践基础；因时而进揭示了新时代高校思想政治工作的“时因法”，启示我们聚焦时代变迁——百年未有之大变局，反映了新时代高校思想政治教育改革创新的理论特质；因势而新揭示了新时代高校思想政治工作的“势因法”，指导我们观察世界大势——顺应历史潮流，提出了新时代高校思想政治教育改革创新的理路遵循。事因法、时因法、势因法从方法论视角提供了探索思想政治工作规律、教书育人规律、学生成长规律的科学范式，统一于高校立德树人的根本任务，为思想政治教育方法论科学体系提供了元理论支撑，是解放思想、实事求是、与时俱进、求真务实的认识路线在思想政治教育上的具体体现。做好新时代大学生思想政治教育，要全面把握“事”“时”“势”的内在逻辑，切实关注“行”“理”“人”诸关键要素，视事促行、识时言理、适势育人，不断推进新时代高校思想政治教育改革创新的方法论探究。

第一节　事因法

把握事因法之要在于因事而化：着力坚持行在当下，知行合一，入心化行。因事而化奠定新时代高校思想政治教育改革创新的实践基础。因事而化之“事”实乃当下之事，此“化”为融入贯穿之意，与“实事求是”之“事”具有相同的中国传统哲学本源。基础在“事”，关键是“行”，其内在要求在于必须“坚持以我们正在做的事情为中心”[①]，这是高校思想政治教育存在发展的基本前提。高校思想政治教育改革创新只有植根新时代中国特色社会主义建设的生动实践，把高校思想政治教育与党和人民的事业紧密结合，与中华民族伟大复兴中国梦相生相融，从当下之事入手，坚持良知善念

① 习近平：《在庆祝中国共产党成立95周年大会上的讲话》，《人民日报》2016年7月2日。

与践履躬行齐头并进，才能实现社会主义核心价值理念认知与培育践行的契合。

因事而化要求行在当下，构成新时代高校思想政治教育改革创新的逻辑起点。实践是认识的源泉和创新的起点，思想政治教育的实践是检验改革创新方法是否科学有效的标准。思想政治教育只有立足于正在开展的具有许多新的历史特点的伟大斗争，服务于新的伟大工程，着眼于中国特色社会主义伟大事业，围绕高校立德树人的根本任务，才能拓展工作思路，创新发展路径，实现高校思想政治教育与国家现代化建设同频共振。离开中华民族伟大复兴中国梦的宏伟目标，脱离高校“双一流”建设的具体实践，游离于高校思想政治教育的问题之外，就不可能把握高校思想政治教育改革创新的工作支点，也不可能找到思想政治教育改革创新的科学方法，也就会偏离正确的方向，脱离实践的现实基础。习近平指出：“我国高等教育发展方向要同我国发展的现实目标和未来方向紧密联系在一起，为人民服务，为中国共产党治国理政服务，为巩固和发展中国特色社会主义制度服务，为改革开放和社会主义现代化建设服务。”① 这是对新时代高校教育发展的基本要求，也是对高校思想政治教育改革创新的方向指引，以当下之事为起始范畴，与我国发展的现实目标和未来方向的紧密结合，才能实现高校思想政治教育改革创新的认识论和实践论的辩证统一。

因事而化要求入心化行，提出新时代高校思想政治教育改革创新的道德准则。立德树人是高校思想政治工作的根本任务，发挥思想政治工作的教化功能，只有变“要我行”为“我要行”，才能让理想的社会行为规范成为自觉的道德行为准则。从思想政治教育的心理认知过程来看，入心化行实质上是大学生将看、听、想等思维观念经过内证实践，领悟出的具有客观价值的认知体系，认知为自己人格一部分的过程。内化于心、外化于行，既是大学生思想政治教育成效的检验标准，又是大学生道德社会化的必然途径。从现代思想政治教育的主体间性特点来看，入心化行是通过主体间的知、情、意、行等身心交互活动而实现的认知能力迁移和情志心灵升华过程，现代思想政治教育的交互作用本质表明，入心化行不仅是对受教育者的要求，也是对教育者自身的要求。教书育人是高校教师的神圣职

① 习近平：《把思想政治工作贯穿教育教学全过程 开创我国高等教育事业发展新局面》，《人民日报》2016 年 12 月 9 日。

责，传道者自己首先要明道、信道，教育者要先受教育，这就要求高校教师必须注重身教言传，以德立身，以德立学，以德施教，以高尚的人格魅力赢得学生敬仰，以模范的言行举止为学生树立榜样，更加自觉肩负起大学生健康成长指导者和引路人的责任。高校应切实加强师德师风建设，推动教书与育人的有机统一，发挥好课堂主渠道育人功能，做到“各守一段渠，种好责任田”，把思想政治教育融入各类课程教学、融入大学生日常学习生活之中。

因事而化要求知行合一，指明新时代高校思想政治教育改革创新的方法皈依。知行一直是我国传统哲学的重要范畴，《尚书·说命》有“非知之艰，行之惟艰”、《左传》有“非知之实难，将在行之”等关于知行关系的论述。王阳明提出知行合一说，主张“以知为行，以知代行”，认为“不行不足谓之知”“行而后知”，强调“践履德行”“事上磨练”，要求知行相融、相互渗透，注重践履实践，达致为善去恶。大学生思想政治教育要想产生良好效果，必须力戒空谈清议，推动知行相互贯通、互相促进，以知促行，以行求知，不仅真懂真信，而且真做真行，方能化知识为德性、化德性为德行。毛泽东把马克思主义辩证唯物论与我国传统的知行合一说相结合，创造性提出“辩证唯物论的知行统一观”[①]，习近平强调“道不可坐论，德不能空谈。于实处用力，从知行合一上下功夫，核心价值观才能内化为人们的精神追求，外化为人们的自觉行动”[②]，诠释了道德主体在践履和悟求过程中，如何实现认识与实践的辩证统一，是对传统知行观的时代升华，丰富了马克思主义认识与实践的辩证思维，为高校思想政治工作提供了认识论和方法论武器，是高校思想政治教育改革创新取得实效的不二法门。

第二节 时因法

把握时因法之要在于因时而进：切实做到言之有理，以理服人，理直气壮。因时而进是新时代高校思想政治教育改革创新的理论特质。因时而进的“时”，和与时俱进之“时”一脉相承，与实事求是之“是”同源同义，此“是”即规律，与以理服人之“理”即道理、真理相通，强调因时而作、因

① 《毛泽东选集》第1卷，人民出版社1991年版，第297页。

② 《习近平谈治国理政》，外文出版社2014年版，第173页。

时而化、随其事宜、不必因袭，得时适时即是（有理），失时、违时则非（无理）[①]；“进”就是与变化了的客观事物和变动中的社会一起进步。离开具体的“时”也就无所谓“是”“理”，求“是”言“理”的过程也就包含识“时”适“时”。“是”“理”并非总是绝对一成不变的，也会因“时”而移易，任何道理、理论，都要与时俱进。不因时而进，任何原先的“是”都可能变成“非”，有“理”变成无“理”，以至真理变成谬误。其内在的规定性，要求必须站在“五位一体”总体布局和“四个全面”战略布局的高度，着眼高校“双一流”建设，把握大学生思想政治教育的本质，推进高校思想政治教育的全部理论和所有工作体现时代精神、紧跟时代步伐，反映出大学生思想政治教育具有不断发展的理论品质。因时而进要求高校思想政治教育改革创新必须始终坚持问题导向，“问题就是公开的、无畏的、左右一切个人的时代声音。问题就是时代的口号，是它表现自己精神状态的最实际的呼声”[②]。因此，因时而进改革创新大学生思想政治教育，必须敏锐把握时代脉搏，及时回应青年期盼，使大学生思想政治教育富有实效性和时代性。

因时而进，必须言之有理。“言”即思想政治教育的内容和方式，“理”是对思想政治教育规律的认识和把握。“有理”指思想政治教育内容具有真理意义上的价值，即具有真理的客观性、普遍性、自洽性和有效性特征。不仅如此，在经济全球化、政治多极化、社会信息化、价值多元化的今天，思想政治教育内容面临着西方错误社会思潮和中国传统落后观念的侵蚀与挑战，言不由衷、词不达意、“小和尚念经有口无心”是大学生思想政治教育的大忌。“有理”还应体现在对西方错误思潮和我国传统落后观念的理论观点消解和有效抵制批判。始终保持发现问题的敏锐，正视传统的清醒，否则说理则沦为“说教”，入脑被歪曲成“洗脑”，任何脱离实际、照本宣科、自说自话的思想教育必然导致“言者谆谆，听者藐藐”。要加快构建中国特色哲学社会科学学科体系和教材体系，努力跳出一些高校思想政治教育“教师说说而已，学生听听则罢，走出课堂、走出校园一切归零”的怪圈。

---

① 徐克谦：《中国哲学之“是”与“实、事、史、时、势”》，《南京师大学报（社会科学版）》2007 年第 5 期。

② 《马克思恩格斯全集》第 40 卷，人民出版社 1982 年版，第 289 页。

因时而进，必须以理服人。以理服人即真理通过说理的方式，发挥服务人的需要的功能，促使自由意志发展，产生说服人的教育效果的过程。“理论只要说服人，就能掌握群众；而理论只要彻底，就能说服人。所谓彻底，就是抓住事物的根本。但是，人的根本就是人本身。”[①] 高校思想政治教育针对的是思想最活跃、生命力最旺盛、求知欲最强烈的大学生群体，这一群体的特点决定了其“易以理服，难以力胜”。毛泽东指出：“对于错误的意见不能压服，而是说服，以理服人。”“要人家服，只能说服，不能压服。压服的结果总是压而不服。以力服人是不行的。”“我们一定要学会通过辩论的方法、说理的方法，来克服各种错误思想。”[②] 我们现在则强调要注重表达方式、传播艺术，以理服人、以情动人，多讲鲜活故事，多作交流互动，有针对性地释疑解惑，吸引学生主动靠近、自动连接。要以更加主动的姿态积极运用具有时代特点的、为大学生所喜闻乐见的信息传播平台渠道，在大学生思想政治教育中，不仅要强调教育内容的真理性，而且要注重教育方式的说理性，还应提高教育功能的服务性，在对大学生个性特点予以尊重和包容的基础上，充分考量大学生主体接受情况，凸显真理在思想政治教育中的神圣地位，彰显思想政治教育主客体间平等的核心价值，不断增强思想政治教育时代感和吸引力。

因时而进，必须理直气壮。思想政治教育是一门说理的科学和艺术，要讲理说理，其前提必须理顺理直，只有理直方能气壮。一个时期以来，部分高校忽视思想政治工作，说起来重要，做起来次要，忙起来不要，专业课是大头、思政课成搭头，这使得“思想政治工作是一切工作生命线”的意识有所淡化。我们认为：要从推进伟大事业、建设伟大工程、进行新的伟大斗争的高度，坚持把立德树人作为中心环节，腰杆硬、底气足地把思想政治工作贯穿教育教学全过程，实现全程育人、全方位育人。坚持开放性是思想政治教育理直气壮的前提。思想政治教育继承和发展了人类关于思想、政治和教育范畴的研究成果，秉持改革的态度和兼容的特性，是一个永不封闭的开放体系。坚持批判性是思想政治教育理直气壮之必须。敢于直面高校发展的问题和矛盾，不断批判、超越过时的教育内容和方式，主动进行自我批判和自我完善。坚持时代性是思想政治教育理直气壮的根基。思想政治教育必须随

① 《马克思恩格斯选集》第 1 卷，人民出版社 2012 年版，第 9—10 页。

② 《毛泽东文集》第 7 卷，人民出版社 1999 年版，第 278—279 页。

时随地以当时的客观条件为转移，深入研究不同历史条件下的新问题、新情况，不断得出具有真理性、创新性、革命性的科学结论，使思想政治教育的说理过程始终闪耀理性的光芒。

第三节　势因法

把握势因法之要在于因势而新：始终注重以人为本，人文关怀，以文化人。因势而新是新时代高校思想政治教育改革创新的理路遵循。因势而新的“势”是指趋势、态势、大势，反映整体局势发展的趋向，既是特定背景下事物发展的必然趋势，也指一种可以借用或可能发生作用的潜在资源或力量，凭此能够对事物的发展和可能出现的结果产生关键性作用。要求顺应事物发展所表现出的趋势因势利导、开拓创新。因势而新，“势”是“新”的条件，“人”是“新”的根据，明者因势而变，智者顺势而谋，大学生思想政治教育不是在真空中进行的，必须随着客观形势的变化而不断发展。当前，无论国际环境还是国内社会正在经历深刻而复杂的变化，这就要求思想政治教育正视这一变化趋势，把握节点，在增强思想政治教育的主动性、实效性、针对性上狠下功夫，在彰显文化软实力中推进思想政治教育的改革创新，丰富思想政治教育的人文内涵，不断探索反映新趋势、新技术、新变化的方法和手段，充分运用包括互联网在内的新载体、新阵地、新平台，在春风化雨、润物无声中展现思想政治教育的内在活力。“宣传思想工作一定要把围绕中心、服务大局作为基本职责，胸怀大局、把握大势、着眼大事，找准切入点和着力点，做到因势而谋、应势而动、顺势而为。”① 思想政治教育必须善于洞察变化的世界和中国的发展大势，在纷繁复杂的国内外形势下保持政治定力，把握工作规律，坚持以文化人。当务之急是补齐大学生思想政治教育中人学理论的短板，回应“人学空场”的指责。思想政治教育本质上属于精神文化行为，必然存在于相应的文化谱系之中，只有加强人文关怀，弘扬人文精神，发挥文化的养成作用和教化功能，不断探寻人的精神价值和心灵意义，才能为高校思想政治教育改革创新提供植根的深厚文化沃土。

① 《习近平谈治国理政》，外文出版社 2014 年版，第 153 页。

因势而新重在以人为本，这是新时代高校思想政治教育改革创新的价值来源。大学生思想政治工作中的以人为本既不同于我国传统的以人为本观，也区别于西方人本主义观，有着自己价值层面独特而丰富的内涵，体现了新时代思想政治教育从社会范式研究视角到人学范式研究视角的转向。“全部人类历史的第一个前提无疑是有生命的个人的存在”①，“人的本质是人的真正的社会联系，所以人在积极实现自己本质的过程中创造、生产人的社会联系、社会本质，而社会本质不是一种同单个人相对立的抽象的一般的力量，而是每一个单个人的本质，是他自己的活动，他自己的生活，他自己的享受，他自己的财富。”② 以人为本把实现人的自由而全面发展作为最高标准。始终强调对大学生的主体地位、主体作用的肯定，坚持把尊重人、解放人、发展人和成就人的价值取向落实到大学生思想政治教育全过程，以切实确立起人性化的价值尺度，体现出人性化的服务理念。从而使思想政治教育契合大学生心灵深处对精神信仰的渴望，不断挖掘大学生心底蕴含的良善道德意愿和道德情感，厚植思想政治教育的着力支点和深厚土壤，找寻思想政治与道德情感的交集路径，有效实现情理交融，切实关心大学生的利益诉求和价值愿望，把解决思想问题与解决现实问题有机结合，在关心人帮助人中教育人引导人，有的放矢地回应大学生的困惑怅惘，使思想政治教育成为大学生心灵的罗盘和情感的寄托。

因势而新呼唤人文关怀，这是新时代高校思想政治教育改革创新的灵魂所在。人文关怀是马克思主义哲学的基本维度之一，是思想政治教育的根本要求和价值目标。人文关怀重视对人类解放和自由的追求，强调对人的生存境遇的关注和对人的社会自然本性生活意义的肯定，其核心在于以人为本，尊重人性和人的价值，突出人的主体地位。注重人文关怀就是用丰富的人文精神，从精神层面关心学生。大学生思想政治教育是做人的工作，人文关怀和思想政治教育不仅具有目标的一致性，而且具有价值的同一性。人文关怀强调大学生的主体地位和个人价值，主张通过精神和物质上的介入，实现对大学生的尊重和关爱，而大学生思想政治教育是人文关怀的重要载体，只有把人文关怀融入思想政治教育之中，在教育内容中充分体现大学生的人文价值需求，才能真正提升思想政治教育的亲和力和针对性。加强人文关怀，就

---

① 《马克思恩格斯选集》第 1 卷，人民出版社 2012 年版，第 146 页。

② 《马克思恩格斯全集》第 42 卷，人民出版社 1979 年版，第 24 页。

是要在思想政治教育中把学生作为目的，“摒弃工具理性以‘物’来衡量生命的一切的思维方式，关怀人的精神和心理，重新倡导树立人的理想信念和高尚情操，还人以本来面目，人的价值和尊严”[①]。真正以促进每个学生自由而全面的发展为目标，关注他们的现实需求和生存状态，在解决学生面临的实际问题中引导他们追求更高的人生价值，同步建构大学生精神家园。

因势而新强调以文化人，这是新时代高校思想政治教育改革创新的基本方略。“观乎人文以化成天下”，文化之“化”，即教化感化，《管子·七法》中有“渐也，顺也，靡也，久也，服也，习也，谓之化”之说，强调一种由微而著的进程和潜移默化的状态，进而引申出培养、教育的内涵。以文化人揭示了思想政治教育从化人到育人，直至人化的渐变渐化过程，核心在于培养价值观，特点在于用人自己的生存方式教化人自身，是高校思想政治教育改革创新的有效途径和方法。其基本要求就在于用文化教育人、熏陶人、感染人，让文化以潜移默化的方式影响人的思想意识和言行举止，从而提升人的思想觉悟、道德修养、精神境界和综合素质，促进人的全面发展，“对历史文化特别是先人传承下来的价值理念和道德规范，要坚持古为今用、推陈出新，有鉴别地加以对待，有扬弃地予以继承，努力用中华民族创造的一切精神财富来以文化人、以文育人”[②]。改革创新大学生思想政治教育，就是要把人文素养培育作为思想政治教育的优势路径选择，充分发挥高校文化浸润、感染、熏陶功能，通过人文主义的价值取向凸显高校文化优势特点，引导大学生用正确的价值标准看待社会、人生以及自己的生活、生命，教育大学生正确看待社会和认识人生意义，正确理解生命价值。以文化人既要重视显性教育，也要善于借用多种文化载体实现隐性教育，“利用各种时机和场合，形成有利于培育和弘扬社会主义核心价值观的生活情景和社会氛围，使核心价值观的影响像空气一样无所不在、无时不有”[③]，将大学生思想政治教育的所有要求，融入校园日常生活的各个方面，达到入芝兰之室，久而自芳的效果，把思想政治教育根植于高校人文素养的肥沃土壤，实现大学生人生

---

① 刘大椿：《中国人民大学中国人文社会科学发展研究报告 2006：社会和谐与人文关怀》，中国人民大学出版社 2006 年版，第 56 页。

② 《习近平谈治国理政》，外文出版社 2014 年版，第 164 页。

③ 《习近平谈治国理政》，外文出版社 2014 年版，第 165 页。

长成参天大树的目标。

时代是思想之母，实践是理论之源。因事而化的事因法、因时而进的时因法、因势而新的势因法，指导大学生思想政治教育在改革创新过程中谋事敦行、视时达理、循势化人，体现出实践性、辩证性、人文性的深刻哲理，全面理解把握其核心要义，必将对新时代思想政治教育的理论和实践起到方法论的指导作用。

第二章　社会思潮
——高校思想政治教育的理论博弈

在中西文化交流、社会价值多元的时代背景下，加强新自由主义对大学生思想政治教育和社会主义核心价值观的影响及应对策略研究，对于培育和践行社会主义核心价值观、增强高校思想政治教育的针对性和实效性具有重要意义。近年来，作为西方主流思潮的新自由主义在我国社会大众尤其是大学生中影响巨大①。然而，在当前对新自由主义的批判中，由于对新自由主义的概念认识模糊，对 new liberalism 和 neoliberalism 的内涵未加细分，导致了所谓批判陷入种种误区。准确把握新自由主义价值主张，做到有针对性的应对，是高校思想政治教育的紧迫任务。

第一节　从古典自由主义到新自由主义的历史流变

自由主义是统一的政治哲学，是资本主义主流的、基础性的意识形态。自由主义是“最近四个世纪在欧洲和一些受欧洲文化影响的国家中多次激发起政治运动的方式”②，既是资本主义一种主要的经济导向和政策实践，更是资本主义的政治哲学、思想体系、意识形态。我们必须重视对资本主义意识形态的研究，而当前最核心的问题就是对资本主义主流意识形态特别是自由主义的深入研究，自由主义的共同本质体现了资本主义的“现代性”，而以个人自由为基点所建立的自由主义一般是自由主义的共性本质，自由主义派

---

① 《人民论坛》2010 年至 2020 年的调查显示，新自由主义连续多年位列值得关注的年度十大思潮。其中，2010 年、2013 年、2014 年位列当年的年度十大思潮首位。

② 戴维·米勒、韦农·波格丹诺：《布莱克维尔政治学百科全书》，中国政法大学出版社 1992 年版，第 415 页。

别实质上基本隶属于两大线索：一条谓之“英美传统”，另一条则是“欧陆传统”。前者可追溯到洛克、斯密，后者属于以卢梭为源头的线索，两者在自由观、平等、民主、公共政策导向上有较大的差异。

古典自由主义一般指发源于17世纪，盛行于18世纪和19世纪上半叶，强调个人的权利、私有财产、市场经济的自由主义理论流派，这一理论流派对20世纪后半叶以来的世界产生了重要影响。古典自由主义将国家的功能限定在消极被动地保护个体的自由权利而非积极主动地促进个体幸福的实现上。对于古典自由主义而言，任何超出“守夜人”地位的国家，都有可能以公共利益和道德的名义对个体的自由权利构成侵犯。古典自由主义的这些主张，对于捍卫个体权利的神圣性、防止公共权力的任意扩张具有十分重要的意义。古典自由主义思想家在自然状态问题上的观点不尽相同，但在认为社会是一架“机器”这一点上是一致的。“机器”这一隐喻之所以被古典自由主义者接受，其中一个重要的原因是它为个体权利的保障提供了方法论基础①。

新自由主义是相对古典自由主义的指称，是现代汉语表达西方学术界两种自由主义思潮的同一译法。先是政治哲学中的new liberalism，后是经济学中的neoliberalism，有些学者为了区分两者的不同，主张将前者译为新自由主义或改良论新自由主义，后者译为“新”自由主义或保守论新自由主义。纵观自由主义的发展历程，笔者认为应将new liberalism译为左翼新自由主义，而将neoliberalism译为右翼新自由主义，这样既反映了自由主义的本质内涵，又照顾了汉语的现代语境。从19世纪末开始，两种新自由主义交替发力，相互诘难而又互为补充。新自由主义逐步建立起意识形态上的霸主地位，新自由主义在实践中有成功也有失败，在帮助西方发达国家一次次走出困境的同时，其保守论新自由主义政策主张也给拉美、东欧等国带来深重灾难。

当前高校思想政治教育中，在开展批判西方错误思潮，特别是批判作为西方主流思潮的新自由主义之时，较少对西方新自由主义两种不同的意识形态进行区分。两种新自由主义的混淆，容易导致自相矛盾的解读和理论上的混乱。事实上，西方早已存在着new liberalism的新自由主义和neoliberalism的新

---

① 吴玉军：《个人自由与国家权力的边界——对古典自由主义自由观的一种考察》，《同济大学学报（社会科学版）》2017年第2期。

自由主义，前者先于后者出现。new liberalism 的新自由主义起源于英国，曾被称为现代自由主义（modern liberalism）或社会自由主义（social liberalism），也称政治新自由主义，这种新自由主义涉及政治、经济、文化和生活方式各个方面，是一种主张政府对经济进行广泛管理和部分干涉的政治经济立场；neoliberalism 的新自由主义是 20 世纪末开始与 new liberalism 的新自由主义相对立的一种经济学理论，但其影响并不局限于经济学领域，它是一种主张通过经济政策来影响政府的政治运作，虽有社会伦理观念，却未全面涉及政治、文化和社会生活各个方面的系统政治理论。因此 new liberalism 的新自由主义也被称为政治新自由主义，主要代表人物有凯恩斯、罗尔斯、德沃金等，neoliberalism 的新自由主义也被称为经济新自由主义，主要代表人物有哈耶克、弗里德曼、诺齐克等。

自由主义作为一种系统完备而又明确规范的政治思潮和知识传统，作为一种可以辨识的思想要素出现是 17 世纪以后的事，“自由主义”一词 19 世纪才开始进入公众视野，西方自由主义基本遵循了一条从古典自由主义到现代自由主义（即 new liberalism）再到新古典自由主义（即 neoliberalism）的演进路径。古典自由主义从英国发源，“自由主义的核心要素第一次被提炼为一套一致的知识传统，并通过一个强有力的政治运动表达出来，是在英国内战期间以及光荣革命之后的辉格党执政期间”①，霍布斯、洛克、卢梭、斯密、李嘉图等人是古典自由主义的奠基人；随着自由资本主义不断产生严重问题，自由主义理论基础被迫不断变革，19 世纪末 20 世纪初，经过改造的古典自由主义以倡导“积极自由”和福利国家的崭新形象出现，从而形成现代自由主义或新自由主义（new liberalism），早期这种新自由主义代表人物有格林、霍布豪斯、杜威等。当代新自由主义（new liberalism）代表人物是凯恩斯、罗尔斯和德沃金等，尤其是罗尔斯《正义论》所反映的平等自由主义思想因其理论适应时代潮流在西方学术界的影响至今无人超越。在现代自由主义或曰新自由主义（new liberalism）演化的同时，一种力主恢复古典自由主义的基本原则和理念，强调市场机制、保护私有制、强烈反对国家干预的边缘化经济流派逐渐上升为主流思想，并成为主导西方国家的微观经济社会政策和意识形态，这就是我国经济界、思政界当前讨论批判最多的新古典

---

① 李强：《自由主义》，吉林出版社 2007 年版，第 53 页。

自由主义或曰新自由主义（neoliberalism），其主要代表人物为米塞斯、哈耶克、弗里德曼、诺齐克等。

为了进一步厘清当代新自由主义的理论特点和政治倾向，有必要从政治哲学角度对新自由主义在西方政治思想中的位置作一谱系扫描，了解当代新自由主义在西方政治思想谱系中的位置。按照西方政治社会思想从激进到保守、从左翼到右翼依次排序，大致可划分为：无政府主义、共产主义、社会主义、民主社会主义、社群主义、自由主义（新自由主义 new liberalism）、保守主义、自由放任主义（新古典自由主义 neoliberalism）。其中无政府主义是主张废除政府的理想化的理论，社群主义和保守主义也包含在广义的自由主义内部，但理论论述的侧重点有一定的差别。自由放任主义则是主张最小限度的政府，社会的经济生活主要靠市场调节，政府只是充当“守夜人”，维护市场交易的秩序和程序公正，不必顾及社会的实质正义。市场经济下竞争导致的社会收入差别，无须进行再分配，模式化的分配方式、政府的干预只会导致新的奴役。哈耶克、诺齐克是其典型阐述者。因此，自由放任主义可以说是西方政治思潮中最右端的理论，这也是以哈耶克为代表的极右新自由主义即使在西方也饱受争议的原因。而以罗尔斯为代表的中左新自由主义则是当代西方社会主流的政治、经济、社会政策和意识形态，代表了当代西方世界的基本价值观。

尽管右翼新自由主义（neoliberalism）和左翼新自由主义（new liberalism）围绕自由和平等、市场和政府展开各有侧重乃至对立的理论主张和政策诉求，但并未偏离“自由主义一般”的共性本质，按照新自由主义（new liberalism）哲学家罗尔斯的说法，当代新自由主义均坚守 6 大基本价值理念。一、坚持自决原则，即个人的生活只有在自由选择的意义上才是有价值的；二、主张最大程度的平等自由，即国家应当保障每个人与他人的同等自由相容的最大的个人自由；三、信奉多元主义，即由于个人确实选择自己的生活方式，他们有可能作出不同的选择；四、认同中立性，即国家应当在各种生活方式与善的观念间保持中立；五、坚守善的原则，即应当公平分配资源，以使所有人都有追求其自身善的观念的公平机会；六、主张正当对善的优先性，即正义（正当）原则约束个人对其自身善的观念的追求①。

① 参见罗尔斯：《正义论》（修订版），何怀宏、何包钢、廖申白译，中国社会科学出版社 2009 年版。

第二节　对新自由主义批判的误区

当前对新自由主义的批判中，存在几种典型误区。

一是单一“主义”论，认为新自由主义仅为单一演化路径，认为新自由主义就是以哈耶克为代表的neoliberalism的新自由主义。事实上，西方早已存在并演化着new liberalism的新自由主义。new liberalism的新自由主义被称为现代自由主义、社会自由主义或政治新自由主义，这种新自由主义涉及政治、经济、文化和生活方式各个方面，其当代主要代表人物有罗尔斯、德沃金等；neoliberalism的新自由主义是与new liberalism的新自由主义相对立的、反对政府对经济直接干预、主张回归复兴古典自由主义的一种经济学理论，但其影响并不局限于经济学领域，通过经济政策来影响政府的政治运作，虽有社会伦理观念，却未全面涉及政治、文化和社会生活各个方面，也被称为经济新自由主义或新古典自由主义[①]，其主要代表人物为哈耶克。

有学者为了区分两者的不同，主张将new liberalism译为新自由主义或改良论新自由主义，将neoliberalism译为“新”自由主义或保守论新自由主义[②]。也有人认为应将new liberalism译为新的自由主义，将neoliberalism译为新自由主义[③]。从近几年我国学界从事新自由主义批判的专著看，相当一部分只介绍强调新自由主义就是以哈耶克为代表的neoliberalism（右翼新自由主义），完全忽略了对罗尔斯、德沃金等人为代表的new liberalism（左翼新自由主义）的研究，有的甚至将两种新自由主义混淆。自由主义派别实质上基本隶属于两大线索：一条谓之“英美传统”，可追溯到洛克、斯密传统的线索，另一条则是“欧陆传统”，属于以卢梭为源头的线索，两者在自由观、平等、民主、公共政策导向上都有较大的差异[④]。两种新自由主义交替发力，相互诘难而又互为补充。

---

① 张纯厚：《当代西方的两种新自由主义——政治新自由主义与新保守主义的对立》，《政治学研究》2010年第3期。

② 李小科：《澄清被混用的新自由主义——兼谈对New liberalism和Neo-liberalism的翻译》，《复旦学报（社会科学版）》2006年第1期。

③ 何秉孟：《再论新自由主义的本质》，《当代经济研究》2015年第2期。

④ 周穗明：《自由主义：政治哲学与公共政策》，《当代世界与社会主义》2002年第1期。

二是右翼主导论，认为右翼新自由主义主导当前西方国家实践和核心价值，在西方学界占据主流话语。近几年来，一批经济学者积极研究右翼新自由主义颇有建树，但仅仅把右翼新自由主义特别是以哈耶克为代表的右翼新自由主义视为西方国家的主流意识形态则有失偏颇。应当看到，右翼新自由主义因凯恩斯主义失灵，提出的自由化改革政策主张被英美国家采用后，在一定程度上有效缓解了“经济滞胀危机”，振兴了当时的英美经济。右翼新自由主义政策在英美以外的国家和地区有成功也有失败，但无论是成功还是失败，是作为边缘理论还是主流理论，都不能被当做新自由主义的全部。“即使当时的英美政府接受保守论新自由主义，用以指导改革实践，也不过是减少国家干预和调整社会福利政策。它没有根本抛弃二战后形成的改良论新自由主义政策框架”①。事实上，20 世纪 70 年代以来，在英美政治哲学领域以罗尔斯等人为代表的左翼新自由主义的学术地位和社会影响力，一点也不逊于以哈耶克等人为代表的右翼新自由主义。自罗尔斯 1971 年《正义论》问世以来，引发了关于平等、正义等问题的哲学争论，对当代整个西方社会产生的影响深刻而持久，当代西方政治哲学界无不围绕《正义论》而展开学术讨论，以致在英美学界形成了一种“罗尔斯产业”现象，其影响甚至已超出西方世界。

三是西方崩溃论，认为新自由主义经过金融危机的打击已在西方国家和国际社会彻底破产，资本主义已经步入绝境。有学者认为“美国的新自由主义——资本主义模式，是资本主义由国家垄断阶段过渡到国际金融资本垄断阶段的一种变异的、野蛮的资本主义模式”“美国新自由主义——资本主义模式危机四伏，犹如一座建筑在沙滩上的庞然大厦，时时刻刻都面临坍塌的危险”②；有些学者甚至认为“金融危机意味着自由市场经济制度幻灭”“意味着新自由主义的破灭”“金融危机将导致资本主义的崩溃”③。似乎欧美发达国家的繁荣已是明日黄花，资本主义制度已经步入绝境，这些观点显得过于乐观，没有认识到经济危机本身就是资本主义自我调整机制的一部分，对

---

① 杨玉成：《两种新自由主义与国际金融危机》，《中共中央党校学报》2015 年第 6 期。

② 何秉孟：《再论新自由主义的本质》，《当代经济研究》2015 年第 2 期。

③ 参见杨玉成：《两种新自由主义与国际金融危机》，《中共中央党校学报》2015 年第 6 期，该文亦对有些学者在新自由主义批判时有失偏颇的观点提出了意见。

资本主义的自我修复能力估计不足，特别是对新自由主义这一诞生于西方政治文明内部、具有悠久哲学历史根基的价值观念缺乏全面研究，对这种价值观念同鼓励竞争的市场经济、强调制衡的宪政设计互为表里的历史韧性认识不深。

四是中国危险论，认为新自由主义已经渗透到我国政治经济文化社会等各个方面，中国正被推向危险深渊。有学者提出“华盛顿共识”的出笼，标志着新自由主义理论及其实践模式已进入到了一个新的阶段，美国国际金融垄断资本集团开始了按新自由主义理论和美国新自由主义模式改造全世界的“十字军远征”①，“新自由主义已经影响了我国金融改革，金融业为了向公有制企业输血、为了保增长和政府的投资需求，不断被推向危机的深渊”②，认为社会主义公有制为主体的格局已被破坏，在我国已存在强大的既得利益阶层，甚至认为我国社会主义公有制为主体的性质已经改变。“新自由主义在我国甚至一度成为意识形态主流，从而严重误导了中国的改革。我国改革中发生的一系列错误，如私有化、片面市场化和一切资源与生产要素资本化的改革方案，其实就是以新自由主义经济学和‘华盛顿共识’为理论资源和舆论支撑的。”③ 把我国社会主义初级阶段一段时间市场手段多一些少一些，或者公有制经济比例升一点降一点，看成社会主义和资本主义性质区分的主要指标，对中国特色社会主义缺乏应有的自信，未能正视社会主义核心价值观引领下各种社会思潮交流交汇交锋的必然趋势及社会主义核心价值体系的主导作用和巨大的整合能力。

第三节 新自由主义思潮的现实影响

尽管左翼新自由主义和右翼新自由主义围绕自由和平等、市场和政府提出各有侧重乃至对立的理论主张和政策诉求，但并未偏离自由主义一般的共性本质。认识当代自由主义不能偏离其坚守的基本价值理念，如坚持自决原则，认为个人的生活只有在自由选择的意义上才是有价值的；主张最大程度

---

① 何秉孟：《再论新自由主义的本质》，《当代经济研究》2015 年第 2 期。

② 方虹、翟柱玉：《警惕新自由主义对中国的渗透》，《人民论坛》2017 年第 1 期。

③ 傅秀玲、杨思基：《论我国当前发展中的问题和矛盾——新自由主义在我国的影响和后果之解析》，《中国矿业大学学报（社会科学版）》2015 年第 6 期。

的平等自由，认为国家应当保障每个人与他人的同等自由相容的最大的个人自由；认同中立性，认为国家应当在各种生活方式与善的观念间保持中立，等等[①]。这些带着个人主义、平等主义、普遍主义、多元主义色彩的新自由主义价值理念对大学生社会主义核心价值观教育带来深刻影响。

新自由主义突出现代性的个人本位对大学生正确理解社会主义核心价值观的内涵形成干扰。无论是右翼新自由主义对古典自由主义的复兴还是左翼新自由主义对古典自由主义的修正，作为自由主义理论基石的个人主义价值观始终是其基本方向和最终目标。虽然自由主义内部因理论旨趣不同而产生一些争论，但两种新自由主义对西方个人主义价值观的忠诚却异常坚定一致，由于右翼新自由主义带着较为清晰的反社会主义意识形态特征，其理论实质和实践恶果较易识别，而左翼新自由主义价值观更强调平等主义的价值理念，形成了一整套以个人主义为立论基础，看似更具学理意义、逻辑更加严谨的价值体系，利用大学生对实现个人价值的向往，反而对大学生全面理解、正确解读社会主义核心价值观的科学内涵带来的干扰尤甚，导致有的把社会主义核心价值观对个人价值的尊重与新自由主义个人价值观混为一谈，有的仅从西方价值哲学的学理学术话语体系简单化的引申而食洋不化，从而使社会主义核心价值观的集体主义内涵阐释削弱了马克思主义的理论基础，丢失了社会主义理论的价值高地，阻碍了中华文明的基因传承。

新自由主义强调反极权的平等自由对大学生不断凝聚社会主义核心价值共识设置陷阱。新自由主义坚持反极权的平等自由观，给资本主义制度以理论证明和价值支撑。左翼新自由主义强调平等主义的自由主义理念，罗尔斯的两个正义原则明确主张即使不得以不平等，也必须有利于最不利者获得更多利益，这一价值理念在相当程度上模糊了资本主义相对社会主义在平等价值上的道德劣势，对大学生认识其价值观本质增加了很大的难度；而右翼新自由主义虽因其自由至上主义而偏离平等价值追求，但因其对纳粹极权主义的鞭挞和对苏联体制弊端的准确预测，特别是其顺应了经济全球化的历史潮流，使其对集体主义、国家干预的反批判，也似乎具有了某种历史的合理性。右翼新自由主义极力推行西方发达国家主导的极端自由化政策主张，与左翼新自由主义的平等主义价值理论各执一端而又相互渗透，使其否定与西

① 顾肃：《自由主义基本理念》（修订版），译林出版社 2013 年版，第 3 页。

方国家所奉行的制度不同的国家社会制度，否定有别于西方价值观的真实意图得以有效掩盖，使大学生社会主义核心价值共识凝聚落空，从而落入其反极权的平等自由逻辑陷阱。

新自由主义思潮通过嵌入式的正义理论对大学生内化外行社会主义核心价值观规范实行消解。20世纪70年代以来，由于西方政治哲学已进入一个围绕正义话题展开论战的时代，新自由主义借助经济全球化和社会网络化，运用其强大的文化软实力，主导国际价值哲学话语权，对大学生内化外行社会主义核心价值观规范形成不可忽视的理论解构和价值消解。右翼新自由主义尤其是以哈耶克为代表的自由至上主义否定政府对经济社会的干预，主张回归到自由放任的古典自由主义传统之中，大都利用看似规范科学的经济学理论演绎政治哲学思想，对大学生认同践行社会主义核心价值观规范实行理论解构；左翼新自由主义并不排斥一定程度的国家干预和社会福利，特别是以罗尔斯为代表的平等自由主义是基于公平的正义理念建构起一个内涵持久的社会合作体系的正义理论，带来了当代西方政治哲学的转向与复兴。与之相较，我国对政治哲学特别是对西方政治哲学的研究起步较晚。面对西方新自由主义政治哲学强势话语，很多高校存在西方政治哲学人才缺乏、价值观引领与实际工作脱节的局面，对新自由主义价值观缺乏系统有效的学理解构反驳。简单化、标签化、脸谱化的生硬批判不仅对社会主义核心价值观规范的内化外行收效甚微，反而使大学生产生口服心不服的逆反心理。

新自由主义采取周期性的左右调节对大学生自觉维护社会主义核心价值体系带来冲击。右翼新自由主义通过近几十年推行私有化、市场化、自由化和全球化，在克服凯恩斯主义失灵、走出滞胀困境、推动世界经济一体化的同时，随着国际金融垄断资本推波助澜，使得一些国家经济加速金融化、金融虚拟泡沫化、实体经济空心化、社会加剧两极化、政府运行债务化等弊端也日益显现，在西方国家和国际社会的经济政治影响日渐式微，以致成了“过街老鼠”。尽管如此，必须看到，西方发达国家的整体软硬实力强于我国的格局仍然存在，即使在右翼新自由主义主导欧美国家政策的时候，以罗尔斯为代表的左翼新自由主义也同时在欧美学界得到长足发展而被普遍推崇，“自由主义一直是现代西方主流思想，西方国家应对经济、政治的挑战，多求助某种形式的自由主义，而不是抛弃自由主义。值得注意的是，它们经常交替使用改良论新自由主义和保守论新自由主义。在一个时期让改良论新自由主义占上风，在另一个时期让保守论新自由主义占上风。因此，这两种新自由主义只是谁占主导地位而已，不可能完全压倒另一方。”① 可以预见，虽然经济危机仍会每隔一段时间如期光临实行资本主义制度的国家和地区，但新自由主义凭借其左右翼周期性的政策平衡，使西方资本主义社会总体上保持稳定运转，让人们仍对其充满幻想和期待，从而对我国大学生自觉维护社会主义核心价值体系带来冲击。

① 杨玉成：《两种新自由主义与国际金融危机》，《中共中央党校学报》2015 年第 6 期。

第三章　核心价值观

——高校思想政治教育的铸魂工程

马克思主义认为，社会全面进步是与人的全面发展相统一的过程。列宁强调，无产阶级取得政权以后，必须对人民群众特别是对青年进行社会主义的文化和政治教育。习近平指出："坚定中国特色社会主义道路自信、理论自信、制度自信，说到底是要坚定文化自信。文化自信是更基本、更深沉、更持久的力量。"① 强调对一个民族、一个国家来说，最持久、最深层的力量是全社会共同认可的核心价值观，要求我们做到"四个讲清楚"，坚定"四个自信"。从党的十六届六中全会明确提出构建社会主义核心价值体系这一重大课题，到党的十七届六中全会提出社会主义核心价值体系是兴国之魂，再到党的十八大倡导富强民主文明和谐，倡导自由平等公正法治，倡导爱国敬业诚信友善，对社会主义核心价值观作出明确表述，直到党的十九大提出社会主义核心价值观教育要以培养担当民族复兴大任的时代新人为着眼点，发挥社会主义核心价值观对国民教育的引领作用，把社会主义核心价值观融入社会发展各个方面，充分体现培育和践行社会主义核心价值观对高校思想政治教育具有基础性规定性的重大意义。

第一节　社会主义核心价值观的时代内涵

高校社会主义核心价值观的培育，必须从核心价值观的国家、社会、个人三个层面加以理解，充分赋予其鲜明的时代特色，使思想政治教育从空中落到地上，从泛泛而谈、面面俱到到聚焦中心、突出重点。

---

① 《习近平关于社会主义文化建设论述摘编》，中央文献出版社 2017 年版，第 12 页。

核心价值观是一个国家长治久安的重要稳定器。每个时代都有每个时代的价值观念，每个时代都有每个时代的精神追求。中华民族能够在几千年的历史长河中历经磨难而顽强生存，经历曲折坎坷而不断发展，一个很重要的因素就在于我们民族有着一脉相承的精神追求和牢固的核心价值观。无论是封建时代的以“仁义礼智信”为主要内容的价值理念，还是西方资产阶级反封建中提出的以个人主义为基础的自由、平等、博爱等价值观，都对巩固当时的各自的制度发挥了重要作用。当今国际国内形势的深刻变化使我国意识形态领域依然面临着错综复杂的情况，面对各种社会思潮交流交融交锋，我们必须准确把握富强民主文明和谐的国家发展目标，正如习近平指出：“核心价值观是一个民族赖以维系的精神纽带，是一个国家共同的思想道德基础。如果没有共同的核心价值观，一个民族、一个国家就会魂无定所，行无依归。”① 在当今新的历史时代，富强、民主、文明、和谐的确立反映了全国各族人民共同认同的国家层面价值观“最大公约数”，我们必须把培育和弘扬社会主义核心价值观作为思想政治教育强基固本、凝魂聚气的基础工程抓紧抓实。

核心价值观是一个社会是非评判的价值度量衡。习近平指出：“培育和弘扬核心价值观，有效整合社会意识，是社会系统得以正常运转、社会秩序得以有效维护的重要途径，也是国家治理体系和治理能力的重要方面。”② 爱国、敬业、诚信、友善既是个人层面的价值倡导，又是社会评判是非曲直的价值标准。树立起这个标准导向，就能指导人们应该舍弃什么、追求什么、反对什么、遵循什么，人们就能够分辨好坏、美丑、善恶。由此可见，社会要做到善治，必须要立规矩，如果说法律是一个国家的规矩，那么核心价值观就是一个社会的规矩。

核心价值观是一个民族思想文化的精神顶梁柱。当今世界正处于大变革大调整大发展的时期，各种社会思潮激荡碰撞不断加剧，各种思想文化交锋交融日益突出，各种价值理念的博弈竞争依然激烈。当前，西方一些国家仍秉持冷战思维和意识形态偏见，把我国的发展视为对他们价值观的威胁，通过价值观颠覆和意识形态渗透是西方敌对势力对我分化、西化的惯用手段，如果我们没有自己的价值观，或者自己的价值观

---

① 习近平：《在文艺工作座谈会上的讲话》，《人民日报》2015 年 10 月 15 日。

② 《习近平谈治国理政》，外文出版社 2014 年版，第 163 页。

不清晰，对自由、平等、公正、法治等带有社会共同价值理念的阐释就不能传承延续中华民族思想精髓、人文血脉、精神基因，对自己的价值观不自信，就会在中西价值观对抗中打败仗，甚至不打自垮，成为西方价值观的附庸。

从本质上讲，以新自由主义政治哲学为理论基础的资本主义价值观，在相当程度上就是西方国家对我国进行价值观博弈和意识形态斗争的辩护工具，当代大学生是我们国家和民族的未来，作为“两个一百年”奋斗目标的参与者和开拓者，他们肩负着建设中国特色社会主义、实现中华民族伟大复兴中国梦的历史重任。21世纪的社会主义理论要在新自由主义意识形态的强势压力下传播发展，就不仅需要从新自由主义百年演化中批判其经济社会政策的实践，而且需要从政治哲学的视角发挥社会主义在价值理念上对于新自由主义的理论优势。党的十九大报告提出，社会主义核心价值观是当代中国精神的集中体现，凝结着全体人民共同的价值追求。要以培养担当民族复兴大任的时代新人为着眼点，强化教育引导、实践养成、制度保障，使社会主义核心价值观融入社会发展的各个方面，转化为人们的情感认同和行为习惯①。习近平在全国教育大会、全国高校思想政治工作会议上强调，要坚持不懈培育和弘扬社会主义核心价值观，引导广大师生做社会主义核心价值观的坚定信仰者、积极传播者、模范践行者。这为持续推进高校社会主义核心价值观培育践行工程指明了方向②。

第二节　社会主义核心价值观教育的原则遵循

首先是把握重叠性原则，和而不同，坚持不懈凝聚价值共识。准确把握多元时代的价值特征。大学生身处世界多极化、经济全球化、文化多样化、社会信息化的时代，多元价值的不可通约性和内在张力是现代社会的必然，各类意识形态存在着复杂的交锋交流交融态势，个人价值选择的自主性和社

① 《习近平谈治国理政》第三卷，外文出版社2020年版，第33页。

② 参见习近平：《把思想政治工作贯穿教育教学全过程　开创我国高等教育事业发展新局面》，《人民日报》2016年12月9日；习近平：《坚持中国特色社会主义教育发展道路　培养德智体美劳全面发展的社会主义建设者和接班人》，《人民日报》2018年9月11日。

会价值的多样性已成为当代大学生价值观念变化的一个显著特点。新自由主义影响下的大学生社会主义核心价值观培育作为一项复杂的系统育人工程，只有教育大学生正确认识中国特色，引导大学生对多元价值的前提进行科学反思和理性批判，形成更具包容性的重叠共识，才是大学生主流价值观塑造的现实选择。

全面阐释核心价值观的理论内涵。社会主义核心价值观作为高校师生团结奋斗的价值航标，最大限度凝聚着价值理想，体现了当前多元社会思潮的重叠共识。因此，立足我国国情和当今世界发展趋势，帮助大学生领悟社会主义核心价值观的思想内涵，是大学生抵御新自由主义思潮侵蚀，构建社会主义共同价值观的迫切需要。从价值观生成脉络看，社会主义核心价值观最大限度整合了中华优秀传统文化的基因、社会主义初级阶段价值的正当需要以及全人类良善价值的共同追求；从价值观规范层面看，社会主义核心价值观凝聚了从国家到社会及个人的目标价值；从价值观演进路径看，社会主义核心价值观发源于马克思主义的经典论断、立足于中国特色社会主义的发展实践，印证了一种基于历史的创造性转化。社会主义核心价值观的理论优势奠定了价值共识的坚实基础。

科学探寻共识凝聚的实践路径。大学生社会主义核心价值观教育要在西方新自由主义的强势话语体系中彰显优势，必须从重叠性的维度，准确把握社会主义核心价值观的历史的创造性转化特性，才能发挥其在大学生主流价值观构建中的重叠共识作用。尽管大学生有历史、文化、民族、性别、经历若干差异，个人信仰、人生理想乃至利益诉求有所不同，但只要本着弘扬主流、正视多元、包容多样和凝聚价值“最大公约数”的原则，在多元中寻求价值共识，在共识中完善价值的塑造，就能促进价值观教育的凝心聚力，建构起互不通约乃至对立社会思潮普遍认同的价值规范。

其次，要突出主体性原则，以人为本，坚持不懈培育自觉意识。切实尊重价值观形成的主体地位。价值是主客体相互作用产生的客体对主体的积极效应，是客体满足主体需要的反映，价值的本质是人的主体性在实践中的表现。马克思主义历来关注人的主体性问题，将人置于主体的地位。“人的本质是人的真正的社会联系，所以人在积极实现自己本质的过程中创造、生产人的社会联系、社会本质，而社会本质不是一种同单个人相对立的抽象的一般的力量，而是每一个单个人的本质，是他自己的活动，他自己的生活，他自己的享受，他自己的财富。”①大学生社会主义核心价值观教育以学生的全面发展为根本，必须围绕学生、关照学生、服务学生，充分尊重其主体地位，启发教育主体对核心价值观的体认和建构，通过大学生的自我价值感知，达到自主价值认同，进而实现自觉价值践行。推动大学生社会主义核心价值观教育由主要依靠他律向逐步增强自律过渡，从灌输教育为主向灌输教育与自我教育相结合的方向转变，使社会主义核心价值观摆脱新自由主义价值观的干扰，真正成为大学生的行为习惯和自觉追求。

充分适应价值观教育的个性特点。社会主义核心价值观体现人民主体的价值本质，特别是个人层面的价值范畴，符合大学生自我实现的价值取向。因而在大学生形成和确立价值观的关键时期，通过各具特色的社会行为规范和价值判断能力的训练，必将促进其良好思想道德和价值规范的最终养成。价值观教育要充分考量大学生主体接受情况和个体发展需要，注重社会核心价值意识和大学生个体自主意识的双向互动，从关心学生的生活、学习和心理等方面着手，在对大学生个性特点予以充分尊重和包容的基础上，开展个性化的分类引导，将总体上的漫灌和因人而异的滴灌结合起来，把社会主义核心价值观尊重人、解放人、发展人和成就人的价值取向融入高校思想政治教育工作全过程，确保教育引导工作全面落实。

努力推进价值观规范的内化外行。教育受众具有差异性，只有大学生受众感觉核心价值观与自己息息相关，才会体认践行。因此，从大学新生入校起，就应注重多层面、广渠道探索利用微博、微信等新媒体开辟社会主义核心价值观教育的微路径，充分贴合青年心路语境，引导大学生正确认识义和利、群和己、成和败、得和失，使社会主义核心价值观培育工作的内容创新、载体创新真正融入大学生的意义和价值世界。通过青年学生对核心价值观的自觉认知认同践行，达到学生良善德性自然生成，确立一个合格公民的价值取向、道德情操和行为规范，逐渐使社会主义核心价值观内化于大学生的自我价值判断，外化为自觉行为规范，成为大学生生活学习的基本遵循。

再次是注重过程性原则，潜移默化，坚持不懈浸润人文素养。积极推动

① 《马克思恩格斯全集》第42卷，人民出版社1979年版，第24页。

人文素养浸润价值观的过程养成。“过程即实在，实在即过程”，英国哲学家、教育家怀特海的过程教育思想给我们启示，过程既是现实存在的根本属性，又决定着育人的真实效果，过程反映育人的本质。大学生人文素养培育是青年学生学习成长中不断习得人文知识，逐步内化人文精神，积极彰显人文行为的能动过程。围绕人文素养，打牢人文根基，加强人文关怀，使人文素养成为大学生核心价值观形成过程中具有适应性和生长性的优势路径是上佳选择。核心价值观教育通过人文主义价值取向方式凸显大学教育的优势特点，引导大学生科学看待社会生活和认识人生意义，正确理解生命价值的过程，正是社会主义核心价值观在人文素养培育浸润下的养成过程。社会主义核心价值观只有根植于大学生人文素养的肥沃土壤，才能有效抵御新自由主义的侵袭，成就坚定信仰的参天大树。

充分发挥人文素养浸润价值观的交互作用。价值观教育的过程性和人文素养培育的浸润性相互影响，源于两者具有渊源的一致性和目标的同一性。两者具有渊源的一致性主要体现在，社会主义核心价值观是根植于民族优秀文化和社会主义先进文化并吸收人类文明成果发展起来的，是中国特色社会主义先进文化的根本体现。人文素养是在历史中形成和发展的，由人类优秀文化积淀凝聚而成的精神品格。两者都继承和发扬了中华优秀文化和传统美德，又都吸收了人类文明成果；两者具有目标的同一性主要体现在，人文素养培育强调以人为本的人文理念，注重个体的独特价值，鼓励情感意志的自由发展。这与社会主义核心价值观关怀人的全面发展，强调以人为本的价值追求具有内在目标的高度相通，统一于培养全面发展的高素质人才，从而共同推动大学生社会主义核心价值观培育目标的达成。

大力推广人文素养浸润价值观的“有根”教育。深入挖掘中华优秀传统文化蕴含的人文精神。核心价值观的形成是一个历史文化的积淀过程。人文精神是孕育社会主义核心价值观的文化来源，为抵御新自由主义价值观影响提供了丰厚的理论滋养和广博的素材渊源。通过结合新的时代特点和话语体系，注重富有生命力的人文内核和持久穿透力的人文方式的过程熏陶，摆脱空洞教条式说教，广泛实施社会主义核心价值观的有根教育，必将激活当代大学生的价值观养成，使人文素养培育在社会主义核心价值观教育中发挥润物无声的良好效果。

第三节　社会主义核心价值观教育与人文素养培育的辩证关系

大学生人文素养培育是大学教育的重要内容，与高校社会主义核心价值观教育紧密相连。社会主义核心价值观作为社会主义核心价值体系的内核，体现社会主义核心价值体系的根本性质和基本特征，反映社会主义核心价值体系的丰富内涵和实践要求，是社会核心价值体系的高度凝练和集中表达。培育大学生人文素养是社会主义核心价值观的基本要求，也是践行社会主义核心价值观的现实需要，只有更新教育观念，提高教育者自身人文素养，筑好校园人文素养平台，才能探索出社会主义核心价值观引领下的大学生人文素养培育的正确途径。

人文素养是社会主义核心价值观的基础工程。人文素养是当代大学生应当具备的最基础的品质。但人文素养不是与生俱来的，人文素养的培育也不可能一蹴而就，而是人文知识的逐步积累与内化的结果。大学生处于人生成长的关键阶段，大学阶段是人生观、价值观、世界观、人文精神形成的重要时期。良好的人文素养可使大学生自觉关怀他人、关怀社会，逐步形成健全美好的人格，提升其自身综合能力。没有人文素养，缺乏人文精神，就谈不上核心价值观的确立。如果没有人文素养的培育、人文精神的塑造做思想铺垫，社会主义核心价值观将成为无源之水、无本之木。社会主义核心价值观只有根植于大学生人文素养的肥沃土壤，才能成就核心价值观生长的参天大树。马克思认为，“人的本质并不是单个人所固有的抽象物，在其现实性上，它是一切社会关系的综合”[①]，人不可能与自身成长的文化、历史相割裂，只有立足本国文化的历史传承，同时注重与世界上其他优秀文化的融会贯通，大学生人文素养才有深厚的理论来源和文化渊源，也才能为社会主义核心价值观提供丰富的思想基础和人文氛围。

培育人文素养与社会主义核心价值观教育精髓相同，主要体现在两者具有渊源的一致性、目标的同一性。渊源的一致性主要体现在，社会主义核心价值观是根植于民族优秀文化和社会主义先进文化并吸收人类文明成果发展

① 《马克思恩格斯选集》第 1 卷，人民出版社 2012 年版，第 139 页。

起来的，是中国特色社会主义先进文化的根本体现。人文素养是在历史中形成和发展的，由人类优秀文化积淀凝聚而成的精神品格。两者都继承和发扬了中华优秀文化和传统美德，又都吸收了人类文明成果。目标的同一性主要体现在人文素养培育强调以人为本的人文理念，注重个体的独特价值，鼓励情感意志的自由发展。这与社会主义核心价值观关怀人的全面发展，强调以人为本的价值追求具有内在目标的高度相通，统一于培养全面发展的高素质人才。

社会主义核心价值观是人文素养培育的价值导向。当前，随着我国对外开放的扩大和各方面改革的深化，西方发达国家不少先进成果正逐渐被我国吸收借鉴。随之而来的急功近利、贪图享乐、拜金主义等一些消极思想观念也开始泛滥。西方宪政民主、所谓“普世价值”、公民社会等错误思潮也散播开来，一些宣传反科学、反理性、反伦理的迷信思想和颓废情绪等甚嚣尘上，对大学生的成长产生了消极、负面的影响。为此，在大学生人文素养培育过程中，必须确立马克思主义的主导地位，用中国特色社会主义共同理想武装大学生，把社会主义核心价值观的确立作为大学生人文素养培育的最高境界；通过社会主义核心价值观的引领，使大学生人文素养打上中国特色社会主义的时代烙印，使社会主义核心价值观真正内化为大学生心中的信仰和外在行动上的追求。

第四章 人文素养

——高校思想政治教育的人学范式

大学生人文素养培育是现代大学教育的应有之义，是全面深化教育改革的紧迫任务，是高校思想政治教育的基本要求。在政治多极化、经济全球化、文化多元化的21世纪，高校大学生人文素养培育面临着许多新情况和新问题，积极探索新形势下大学生人文素养培育的新途径、新办法，努力提高育人针对性、实效性，对于提高高等教育质量，落实立德树人根本任务，培养德智体美劳全面发展的社会主义建设者和接班人具有重要意义。

1999年《中共中央、国务院关于深化教育改革，全面推进素质教育的决定》中指出，高等教育要普遍提高大学生的人文素养和科学素质。进入21世纪后，国家高度重视大学生的人文素养培育工作，出台了一系列政策。党的十八大以来，习近平在出席全国教育大会、北京大学师生座谈会等多场重要会议时，论述了提高学生审美和人文素养，培养德智体美劳全面发展的社会主义建设者和接班人的重要性和紧迫性。党的十八届三中全会通过的《中共中央关于全面深化改革若干重大问题的决定》明确提出要提高学生审美和人文素养。可以说，在现今大学之中，一名缺乏人文素养的学生，很难说是全面发展的学生。

第一节 人文素养培育的精神土壤

20世纪后半叶以来，注重实用知识传授的高等教育极大促进了社会生产力的发展，但一些问题也逐渐显露出来。大学教育呈现功利化、工具化的倾向，重科学教育轻人文素养，重专业技能轻思想引导，重知识传授轻道德培养成为不少高校人才培养中的缺陷。大学教育是否成功，在很大程度上取决于大学能否培育学生良好的人文素养。

人文，指人类社会的各种文化现象，是人类文明的核心内容。在我国，人文一词源远流长，最早见于《易·贲卦·彖传》“文明以止，人文也。观乎天文，以察时变；观乎人文，以化成天下”，人文在这里指礼乐之教，实际也是人们参与社会生活的一种规范准则①。北宋理学家程颐在《伊川易传》中指出：“天文，天之理也；人文，人之道也……天文，谓日月星辰之错列，寒暑阴阳之代变，观其运行，以察四时之迁改也……人文，人理之伦序，观人文以教化天下，天下成其礼俗，乃圣人用贲之道也。”② 在我国传统文化中一般将人文与天文相对，人文反映了古圣先贤在探索天道的同时，对于自身的关切。在西方，人文最早起源于拉丁文 humanitas，原意指人性，主要是突出人与动植物的不同属性，体现人文是人的内在本质属性。欧洲文艺复兴时期，人们把对上帝的关注转移到现实世界，通过关注世俗生活，重视人的价值和尊重人的权利，赋予人文基本内涵。

素养，是个人与外界做合理而有效的沟通及互动所需具备的条件，当知识内化到人的生活和行为中，才能称其为素养。在古代汉语中，素养指人平素的修养，我国古代对于人的素养就十分重视，《汉书》中说：“马不伏历，不可以趋道；士不素养，不可以重国。”③《三国志》中说：“越有所素养者，使示之以利，必以众来。”④ 这些都从不同侧面反映了素养的重要性。在研究和实践中，素养常常与素质通用。在辞典中，素养和素质是一对词义相近却略有差异的词语，素质强调事物的原本属性，侧重于先天资质和条件。素养则突出通过学习和实践来获得的特质。现代社会中，伴随着经济的发展和社会的进步，素养的内涵也大为扩展。

至于人文素养，目前学界主要围绕一个人具备人文知识、理解人文思想、掌握人文方法、遵循人文精神、彰显人文行为等方面来界定，但并没有一个明确或公认的定义，对于大学生人文素养的理解更是仁者见仁，智者见智。笔者认为人文素养是一个人在成长过程中不断习得人文知识，逐步内化为人文精神，并在实际生活中彰显人文行为的总和。人文知识首先内化为人

---

① 参见徐复观：《中国人文精神之阐扬》，中国广播电视出版社 1996 年版，第 121—135 页。

② 程颐：《伊川易传》，上海古籍出版社 1989 年版，第 85—86 页。

③ 班固：《汉书·李寻传》，中华书局 1962 年版，第 472 页。

④ 陈寿：《三国志·刘表传》，中华书局 1982 年版，第 210 页。

文精神，人文精神进而引导着人文行为。人文素养以人文精神为核心，既反映一个人外在的日常行为与个人基本涵养，也展现其内在的相对稳定的精神品质。

对大学生人文素养培育的各类实践，源于对教育本质的回归和对人的全面发展的探索。新中国初期我国高等教育虽然没有明确提出大学生人文素养培育的概念，但国家却通过大学生的全面发展指导思想下的学生教育管理来体现人文素养培育的某些功能。改革开放以来随着应试教育及专业分科过细过窄等弊端的逐步显现，素质教育和人文素养培育逐渐被提上议事日程。1998 年教育部在《关于加强大学生文化素质教育的若干意见》中提出，文化素质是大学生基本素质的基础，加强文化素质教育重点是人文素质教育。

此后各高校围绕大学生人文素养进行了不少探索与实践。在我国高等教育领域的实践中，大学生人文素养培育主要有两种代表性的模式，一种是以杨叔子等人为代表，开展文化素质教育。杨叔子针对高等教育中急功近利、轻做人重做事、轻成人重成才、忽视人文教育的现象，以课程设置、第二课堂文化素质教育活动和社会实践相结合为切入点，在华中科技大学进行了文化素质教育的诸多实践。文化素质教育从华中科技大学的自发探索到全国范围内的逐渐推广，诸多文化素质教育基地在各地高校建立，虽然取得一定效果，但也存在种种预期目标并未实现的现实。大学文化素质教育还未达到素质教育的初衷。杨叔子所总结的“五精五荒”和“五重五轻”，即“精于科学，荒于人学；精于电脑，荒于人脑；精于网情，荒于人情；精于商品，荒于人品；精于权力，荒于道力”，“重理工，轻人文；重专业，轻基础；重书本，轻实践；重共性，轻个性；重功利，轻素质”①，仍然在一定程度上存在。另一种以甘阳等人为代表，以课程设置为切入点，借鉴西方通识教育（general education）经验直接在我国开展通识教育，通过在中山大学建立博雅学院等实践积累了不少经验，但也存在一些问题，甘阳甚至一度认为，“一开始热闹了几年，最后就无声无息。每次开会老是原地踏步，通识教育没有进入操作的层面，老是停留在理念上”②。更有不少高校在实践中，将单一的“读经读典”“国学学习”等同于人文素养培育，存在一定片面性。

---

① 杨叔子：《人文教育现代大学之基》，《南京农业大学学报》2001 年第 1 期。

② 甘阳：《中国通识教育的务实之道》，《21 世纪经济报道》2009 年 7 月 6 日。

第二节 人文素养培育是思想政治教育的现实需要

人文素养培育是培养社会主义合格建设者和可靠接班人的需要。近些年来，我国高校着力加强大学生理想信念教育，取得了不少成绩，大学生群体思想主流积极健康向上。大学生思想政治教育发展报告的调查显示，有92.4%的大学生认识到社会主义核心价值观的重要性，有89.7%的大学生能熟记社会主义核心价值观的基本内容①。但不可否认的是，在当前市场经济的改革大潮中，还存在着一些功利主义、道德滑坡等现象，有些时候表现得还比较突出。客观社会环境带来了高校里多变的思想、多样的观念、多元价值观的激烈交锋，不健康的思想、观念、价值观对部分大学生产生了一定的负面影响。不少在校大学生存在务实化和功利化倾向，身处高等教育全球化的竞争时代，却没有危机感和紧迫感，缺乏远大的理想与崇高的人生信念。全球化背景下大学生人文素养培育面临更加严峻的挑战，人文素养教育能够丰富社会主义核心价值观教育内容，夯实大学生的文化基础，拓展大学生的知识结构，开拓视野，强调追求运用知识时的责任感，增强思想政治教育的实效性。

人文素养培育是促进当代大学生的全面成长与自身发展的需要。教育的目的是培养人格健全、和谐发展的个体，人才培养是高等教育的本质要求和根本使命。马克思认为，一个全面发展的人是“以一种全面的方式，也就是说，作为一个完整的人，占有自己的全面的本质”②。大学的目标始终应该是：在大学生离开学校时是作为一个和谐的人，而不是作为一个专家。同时，大学生人文素养的提升，对大学生未来的职业发展具有重要意义。即以人文主义精神可以沟通世界东西方文化。有关研究证明，人文素养是大学生的优势竞争力。人文素养更高的学生，在职场上可持续发展的动力也更强，不会受到职业发展“天花板”的制约③。高等教育不仅是“成才”的教育，更是“成人”的教育。大学阶段，既要勤于学习，消化吸收所学知识，也要

① 沈壮海、王培刚、王迎迎：《中国大学生思想政治教育发展报告》，北京师范大学出版社2016年版，第81—88页。

② 马克思：《1844年经济学哲学手稿》，人民出版社2000年版，第85页。

③ 华羽：《人文素养是大学生的优势竞争力》，《光明日报》2013年12月31日。

关心国家、人民、世界，学会担当社会责任。由此可见，社会主义核心价值观引领下的大学生人文素养培育，对于当前大学生全面发展无论怎样强调都不过分。

人文素养培育是建设和谐校园文化和营造良好育人氛围的需要。由于社会、经济、政治、文化等诸多因素影响，当前校园文化中出现了非主流文化日益流行的趋势，并对主流文化产生了不可忽视的影响。同时，校园文化建设中存在的重硬件投入、轻软件培育的现象，存在对校园文化建设认识过于单一的情况，影响了良好育人氛围的形成。在校园文化建设中，只有突出以人为本，把软环境建设摆在更加突出的位置，才能形成有益于促进人的自由而全面发展的和谐校园环境。社会主义核心价值观引领下的大学生人文素养提升讲求和风细雨，通过构建润物无声的育人环境，在潜移默化中提升大学生人文素养。教育学生如何做人是大学生社会主义核心价值观培育的根本任务，而做人必须强化人文素养的积淀。高等教育应该呼唤人文精神的回归，克服狭隘的功利主义，重视培养学生的人文意识。可见，校园内大力营造和风细雨的人文氛围，是加强大学生认同并践行社会主义核心价值观的重要载体。

第三节　人文素养培育的有效途径

更新高校思想政治教育观念。观念是行为的先导，对行动具有指导作用。提升社会主义核心价值观引领下的大学生人文素养，必须更新高校思想政治教育观念。高校管理者要承担起以社会主义核心价值观为引领下的大学生人文素养培育的责任。吸收世界一流大学先进的办学与治学经验，遵循高等教育的基本规律，树立“以人为本”的现代教育理念，坚持“育人为本，德育为先”，让全校育人活动充满对大学生的尊重和关怀，以促进大学生全面发展为目的，回应他们的现实期盼，关注他们的生存状况，从他们的需要和现状出发，加强人文关怀，立足学生长远的、终身的发展。进而从生硬灌输转换为文化养成，从包揽管理转化为共同治理，注重校园文化的建设，提升校园文化的品位。克服传统思想政治教育中的“灌输”“说教”倾向，利用各种场合和时机，形成有利于培育社会主义核心价值观引领下的大学生人文素养的环境氛围，通过环境氛围感染和熏陶大学生，从而入脑入心，使其自觉地注重良好人文素养的养成。形成大学生主动参与学校人文素养教育类活动的氛围，让社会主义核心价值观的影响像空气一样无所不在、无时不有。让主流核心价值观武装大学生头脑，让勤学、修德、明辨、笃实成为大学生自觉实践。

提高教育者的人文素养水平。百年大计，教育为本；教育大计，教师为本。教育者自身的人文素养提升，对于高校思想政治工作者和专任教师都十分重要。提升社会主义核心价值观引领下的大学生人文素养，首先必须提高教育者的人文素养水平。从某种程度上来说，高校教育者的人文素养水平直接关系着学生人文素养的高低。高校教师是学生人文素养提升的楷模，教师的思想、道德、品质和人格等各方面均给大学生带来潜移默化的持久影响。教育者要提升人文素养，增强人文底蕴，加强对相关人文学科的学习，不断吸收世界人文素养教育的先进成果，自觉运用于思想政治教育的全过程。部分教育者不仅缺乏培育大学生人文素养的能力，同时也缺乏自我人文素养提升的动力，从而导致专业知识雄厚，人文素养薄弱，在课堂教学中将科学教育与人文教育人为割裂开来。高校也要严把好新进教师的入口关，对人文社科类教师、思想政治工作者的人文素养提出明确要求。对于在职教师，也要提供相应培训。只有高素养的教师才能更好地培养高素养的大学生。教育者只有具备了牢固的人文理念，扎实的人文功底，深厚的人文知识，才能够在教学活动中更好地融合和渗透人文教育，利用好高校课堂教学的主阵地和第二课堂的重要阵地，才能够引导学生拓宽人文知识视野，塑造人文精神，提升人文素养。才能讲清楚中华优秀传统文化与当代中国特色社会主义先进文化的历史渊源、发展脉络和基本走向。

构筑校园人文素养教育平台。高校要开展丰富多彩的人文素养教育活动，为大学生的全面发展提供广阔平台，利用阅读经典、名家讲座、文化沙龙、社会实践、志愿服务活动等诸多形式为大学生提供人文素养提升的套餐组合。通过微信、微博、网站等新媒体工具为人文素养教育平台营造立体交叉的传播方式。现阶段，不少高校都在探索建立更多形式的人文素养教育平台。通过多层次、多种类、多场次的人文素养培养类讲堂、创业沙龙、职业规划一对一等活动为学生提供一个获得真知、拓宽视野的广阔平台，培养学生广博而深厚的文化底蕴、敏锐而深邃的时代感悟、健康而多彩的生活情趣，从而达到传播知识、传递信念的目的，使学生形成科学的世界观、人生观和价值观，着力构筑好校园人文素养教育的平台，进而提升人文素养培育的理想氛围。

第五章 新媒体

——高校思想政治教育的崭新平台

当前，以数字化、网络化、智能化、交叉融合为主要特征的第四次工业革命正以指数级而非线性速度展开，给经济社会发展特别是思想政治教育带来深刻影响。随着互联网络技术、移动通信技术、数字技术等新技术的不断高速发展，以互联网媒体、手机媒体为代表的新媒体已经渗透到人们社会生活的各个角落。根据中国互联网络信息中心（CNNIC）最新发布的第47次《中国互联网络发展状况统计报告》，截至2020年12月，我国网民规模达到9.89亿，已占全球网民的五分之一，其中学生网民占21%；互联网普及率达70.4%，高于全球平均水平。手机上网比例达99.7%。即时通信、网络新闻、网络视频用户规模分别超过9.81亿、7.43亿、9.27亿[①]。此外，各种形态的新媒体层出不穷。新媒体在不知不觉中逐渐改变着人们的生活习惯，可以说人类社会已经迈入新媒体时代。

大学生作为年轻富有活力的群体，具有极强的新事物接受能力，成为使用新媒体最为广泛、最为活跃的群体之一。新媒体让每个大学生有了自我学习和发出自己声音的渠道，各种思想碰撞日趋频繁，多元文化的交锋日益明显。新媒体已经成为大学生思想成长的重要载体。学生已成为网民中规模最大的群体。我国3300多万在校大学生中，95%以上都是网民。早在2004年，中共中央下发的《中共中央国务院关于进一步加强和改进大学生思想政治教育的意见》就明确提出要“主动占领网络思想政治教育新阵地”，“全面加强校园网的建设，使网络成为弘扬主旋律，开展思想政治教育的重要手段”。

① 参见中国互联网络信息中心（CNNIC）第47次《中国互联网络发展状况统计报告》，2021年2月4日。

2010 年教育部社科中心主办的“新媒体技术背景下的大学生思想政治教育”研讨会提出“互联网信息技术、数字技术、移动通讯技术迅速发展，大学生成为使用新媒体技术最为广泛、最为活跃的群体。在新媒体技术背景下分析大学生的学习、生活特点和成长规律，探索大学生思想政治教育工作，显得十分重要”。2016 年全国高校思想政治教育工作会议提出，“要运用新媒体新技术使工作活起来，推动思想政治工作传统优势同信息技术高度融合，增强时代感和吸引力”①。因此，认识新媒体时代的基本特点和发展阶段，进而分析新媒体时代对大学生思想政治教育的影响，探索新媒体时代大学生思想政治教育的新方法，对于进一步加强和改进大学生思想政治教育工作十分必要。

第一节 新媒体时代大学生思想政治教育的内涵与特点

新媒体（New Media）是相对传统媒体而言的，是继报刊、广播、电视等传统媒体之后发展起来的新的媒体形态。这一概念最先由美国哥伦比亚广播电视网（CBS）技术研究所所长格尔德马克（P. Goldmark）在上世纪 60 年代提出。在其发表的一份关于开发电子录像（EVR）的报告中，他把电子录像称为新媒体。1969 年，美国传播政策总统特别委员会主席罗斯托（E. Rostow）在提交给尼克松总统的报告中，也多次使用“新媒体”这一说法。由此，新媒体概念在美国社会逐渐流行起来，并扩展到全世界。近年来，国内外的学者就新媒体的研究逐年增多，关于新媒体的定义以及新媒体概念的运用还存在一些争论和分歧。但新媒体在传播领域所引发的巨大变革，已是学界公认的社会现实。

联合国教科文组织曾把新媒体定义为网络媒体。显然，在现代科技高速发展，新媒体形态日新月异的今天，这种定义已经不能涵盖新媒体的形态。笔者在查阅相关文献时，汇集了多位研究者对新媒体的定义。美国新媒体艺术家列维·曼诺维奇（Lev Manovich）认为，所谓新媒体已经不再是任何一种特殊意义上的媒体形式，它在实质意义上已经演变为一组数字信息，一种

① 习近平：《把思想政治工作贯穿教育教学全过程 开创我国高等教育事业发展新局面》，《人民日报》2016 年 12 月 9 日。

实现了“所有人对所有人传播”的信息流，或者说一种融合了人际传播和大众传播特点的信息呈现方式①。美国雪城大学凡·克劳斯贝（Vin Crosbie）认为，新媒体就是能对大众同时提供个性化内容的媒体，是传播者和接收者融汇成对等的交流者，而无数的交流者相互间可以同时进行个性化交流的媒体。

清华大学熊澄宇认为，新媒体是一个不断变化、动态发展的概念。“在今天网络基础上又有延伸，无线移动的问题，还有出现其他新的媒体形态，跟计算机相关的，这都可以说是新媒体……今天的新媒体主要指：在计算机信息处理技术基础上产生和影响的媒体形态，包括在红的网络媒体和离红的其他数字媒体形式。”中国传媒大学廖祥忠认为，新媒体是以数字媒体为核心，通过数字化、交互性的固定或移动的多媒体终端向用户提供信息和服务的传播，是所有人向大众实时交互地传递个性化数字复合信息的传播介质。上海交通大学蒋宏、徐剑认为，应结合多项新技术的使用来理解新媒体概念，“新媒体是指20世纪后期在世界科学技术发生巨大进步的背景下，在社会信息传播领域出现的，建立在数字技术基础上的能使传播信息大大扩展、传播速度大大加快、传播方式大大丰富、与传统媒体迥然相异的新型媒体”，“主要包括光纤电缆通信网、都市型双向传播有线电视网、图文电视、电子计算机通信网、大型电脑数据库通信系统、通信卫星和卫星直播电视系统、高清晰度电视、互联网、手机短信和多媒体信息的互动平台、多媒体技术以及利用数字技术播放的广播网等”②。

笔者认为新媒体是相对于广播、报刊等传统媒体而言，主要依托互联网络技术、移动通信技术、数字技术等新技术手段向用户提供信息服务，具有数字化、交互性、虚拟态重要特质，动态发展的传播媒介和新兴媒体。这一内涵，包含了三个关键要素：以互联网络技术、移动通信技术、数字技术等新技术为支撑要素，以微博、微信、博客、手机报等新形式为载体要素，以电脑、手机、平板电脑、数字电视等新工具为终端要素。体现出技术、社会、历史三个层面的综合解读。综合看来，新媒体时代存在以下突出特点。

一是数字化与海量性。上世纪兴起的数字技术把模拟信息变成了二进制语言，数字化就是使用0和1两位数字编码来表达和传输一切信息的一种综

① 杨状振：《中国新媒体理论研究发展报告》，《现代视听》2009年第5期。

② 蒋宏、徐剑：《新媒体导论》，上海交通大学出版社2006年版，第13页。

合性技术，即将各种信息全都变成数字信号，在同一种综合业务中进行传输，再通过接收器使其复原。相比于传统媒体依赖于实体空间保存和占用储存空间，在虚拟储存空间和网络带宽的基础上，新媒体能长久性和高密度地储存信息。博客的信息可以长期保存在服务商的服务器中。多媒体技术将图像、声音、视频结合起来。相比传统媒体的传统文本形式，新媒体以多媒体展示、节点为单位的超文本显示，构成表达特定内容的海量信息网络。互联网将全世界的计算机连接起来，形成一个无比巨大的数据库。网络传播的载体是光纤线路，传递速率为每秒 30 万千米，瞬间可达世界各个角落。信息广度和深度，较传统媒体大大提升。在网络上，可以全面和深入地了解一件事情的相关背景并进行深层解读。

二是多元化与交互性。我国当前正处于改革的攻坚期和深水区。社会生活方式、经济结构成分、社会价值观念等呈现多样化发展的态势。一方面，作为一个连接全球、联动中国的信息平台，纷繁多样的信息内容都借助新媒体进行广泛传播，扩大其自身的影响力，信息内容的多元化带来了价值观念的多元化。另一方面，新媒体时代开放性的传播平台和平等性的创造平台，活跃了交往、娱乐和商业形态。新媒体交互性主要体现在人与机器的互动和人通过机器与他人的交流互动两方面。相较于传统媒体的点对面、一对多，新媒体使点对点、一对一的传播成为可能，传播者和接收者的界限模糊。新媒体的交流活动是一种双向的信息交流活动。现在主流的即时通信软件都可以实现文件的相互传送。正如尼葛洛庞帝所说，“从前所说的‘大众’媒介正演变为个人化的双向交流，信息不再被推给消费者，相反，人们（或他们的电脑）将所需要的信息拉出来，并参与到创造信息的活动中。”①

三是个性化与自主性。新媒体时代以个人为中心，每个人都可以成为一个媒体。每个人既是传播者，同时又是受众。“大众传播的受众往往只是单独一人，信息变得极端个人化。”② 新媒体的传播特点决定了新媒体的受众获取信息方式是主动的、自主的。因此，新媒体适应受众需求的多样化和受众市场的细分化，能够针对特定用户群的需要提供个性化、专业化的信息服

① 尼葛洛庞帝：《数字化生存》，胡冰、范海燕译，海南出版社 1997 年版，第 49 页。

② 尼葛洛庞帝：《数字化生存》，胡冰、范海燕译，海南出版社 1997 年版，第 192 页。

务，使得用户可以根据自己的喜好或需求选择定制信息。每个信息终端在网络中都分配到一个固定的地址，如 IP 地址、电子邮箱地址、手机号码、QQ 号码等。这些具有唯一指向性的地址，方便了信息传播者特定信息的传播，也方便了受众通过新媒体发布和接受完全个性化的信息。

四是匿名化与虚拟性。新媒体的出现扩大了人类信息传播的地理范围，借助连接全球电脑的互联网，完全打破了地理区域的限制。互联网将全球网民拉入了同一个“地球村”，网民们在这个虚拟空间内，成立各种社区、论坛和组织。传播者和受众的角色大部分是虚拟的，交流双方的信息对彼此都是未知的。大学生在虚拟的世界里真实表达自己的情感，从传统媒体的面对面到新媒体的键对键。手机短信、网络等信息传播途径本身比较开放，信息编辑者和发送者可以匿名进行编辑发送，甚至利用各种软件，可以方便地修改文本、图片、声音、影像，制作逼真的虚拟信息。比如数字电影中的特效、数字动画，这些都是通过数字技术对真实世界进行模拟而完成。

新媒体自产生之日起，因其技术的快速发展、商业价值的不断挖掘以及对人类生存的全方位影响，使其每一阶段都打上浓厚的历史印记。

首先是技术化阶段，新媒体技术出现于 20 世纪中后期，以计算机的发明和网络技术的应用为最主要的标志。1946 年首台计算机 ENIAC 在美国诞生，为新媒体技术的发展和新媒体时代的到来提供了基础。1969 年，互联网的雏形 ARPAnet 出现在美国。1983 年，传输控制协议/网际协议（TCP/IP）成为互联网上的标准通信协议，全球互联网正式诞生。1984 年，首台手机由美国摩托罗拉公司研制。随着科技的发展，数字技术的诞生和发展使电话、电脑、电视走向融合。其运算、通信、信息储存功能被发现和运用，而对学校教育可能带来的影响只是少数人的预测。

其次是商业化阶段，1991 年，在连接互联网的计算机中，美国的商业用户首次超过了学术界用户。从上世纪 90 年代中期，互联网进入中国起，我国新媒体开始逐步发展。1998 年至 1999 年，商业门户网站涉足网络新闻领域，对以往的信息传播格局产生了巨大冲击。由于技术的不断革新和完善，各种媒体都努力推出自己的广告模式，新媒体已成为营销者的必争之地。由于商业的压力，弱化了对公益目标和公共责任的追求。同时，对于短期利益的过度追求，也使得高质量的公共言论空间成长受阻。这一阶段对学校思想政治教育的影响十分明显。

最后则是现今的社会化阶段，以微博的产生为标志，新媒体的运用、普及成为不可逆转的时代潮流。传播渠道趋向社会化网络，随着全球一体化进程的加快，世界各国的经济、政治和文化联系越来越密切。三网融合的发展提高了网络资源的利用率，使人们更加方便、快捷地使用文字、语音、数据、图像、视频等多媒体综合服务。以门户网站、网络论坛（BBS）、社交网络（SNS）、微博、微信、抖音、bilibili（哔哩哔哩）为代表的互联网新媒体，以智能手机为代表的手机新媒体，以数字电视、移动电视为代表的电视新媒体已经融入社会生活的方方面面，新媒体全面走向自媒体、全媒体、互媒体和动媒体的集合。新媒体的发展所带来的社会信息化已经成为社会发展进步的体现和标志，大学生思想政治教育完全融入新媒体时代。

第二节 新媒体时代对大学生思想政治教育的深刻影响

行为科学认为，人的行为是外部环境因素和内在自身生理、心理因素共同作用的结果。恩格斯指出，“一切以往的道德论归根到底都是当时的社会经济状况的产物”[①]。当前大学生思想政治教育所面临的前所未有的机遇和挑战，主要来自大学生意识的变化、科技的进步和社会的转型。然而大学生意识的变化是由社会变化所决定的，这是马克思主义社会存在决定社会意识理论的要义所在。因此，大学生思想政治教育社会环境的改变必然影响大学生思想政治教育的成效。

一、新媒体时代对大学生生活行为方式的影响分析

从新媒体时代对大学生生活方式的影响方面看，生活方式是在一定社会形态中人们的物质生活和精神文化生活的方式和行为习惯的总和。马克思曾经说过“个人怎样表现自己的生活，他们自己就是怎样”[②]，一个人的生活方式决定着他的思维方式，生活方式的变化直接或间接影响着人的思想意识和价值观念。随着信息技术的迅猛发展，新媒体时代大学生的交往、消费、休闲等都呈现出不同于以往的特点。新媒体普遍被大学生运用于社会交往中。特别是80后、90后独生子女较多，没有兄弟姐妹的大学生运用新媒体拓展

① 《马克思恩格斯文集》第9卷，人民出版社2009年版，第99页。

② 《马克思恩格斯文集》第1卷，人民出版社1995年版，第67—68页。

了他们的交往空间。因为新媒体的匿名化和虚拟性，减少了来自其它个体和社会因素的干扰，大学生可以在网上畅所欲言，有利于大学生建立更加广泛的人际关系。而长期沉迷于虚拟世界的交往与交流，自然就会减少其参加现实世界活动的时间。有别于现实生活中的人际交往，新媒体时代的匿名化和虚拟性契合了人们希望表达真实情感又惧怕受伤的心理。由于在互联网上得到情感认同或满足，有些大学生在心理上对网络具有强烈归属感和依赖感。热衷于虚拟交往而疏远了现实中的人际交往，造成了人际交往障碍。在网络上是交流高手，熟练使用网络语言与许多陌生人打交道；而在现实中却沉默寡言，甚至害怕与他人进行交流。

大众文化产品消费过程是西方对我国进行意识形态渗透的重要渠道。文化作为一种生活方式，其渗透可以造成一种意识形态的接受机制，使主体进入一种无意识接受的环境。西方国家把意识形态嵌入在西方的影视、音乐光盘、游戏软件等大众文化产品中。这些文化产品具有新、奇、特的视听审美形式，对大学生具有很大的吸引力，在消费过程中通过大学生的感知体验，开启对意识形态进行渗透的机制，使大学生形成一种完全开放的意识形态接受心理机制，从而使他们抛弃心理束缚，自觉地接受大众文化艺术内涵的意识形态理念，进而在乐陶陶的享受中无意识地就受到西方意识形态的影响。长期接受西方大众文化的熏陶，大学生就会在生活中自然而然地表现出带有西方文化烙印的思维方式和行为方式。

由于新媒体具有提供大众休闲娱乐、满足精神生活的重要功能，进行休闲娱乐已成为当代大学生使用新媒体的主要目的之一。一方面新媒体的强大视听交互功能使大学生生活丰富多彩；另一方面商业化不良的诱惑驱使分辨力、自制力不强的大学生们深陷其中，不能自拔，身心健康受到严重影响。

传统意义上的学习是指大学生在教师指导下在特定时间、地点进行的学习。新媒体时代，大学生的学习方式已经超越了这种传统的学习方式。新媒体为大学生学习提供了广阔的平台，优质教育资源为全体大学生所共享，突破时间、空间、身份限制，使个性化的学习成为可能。

大学生正处于认识客观世界的关键时期，有强烈的求知欲。新媒体内容的数字化和海量性更是激发了大学生的学习兴趣，为大学生的自主学习和自我提升提供了良好途径。借助互联网和手机等新媒体，大学生可以通过网络课程、视频公开课等途径随时随地进行学习。数据显示，以高校学生为主要服务对象的中国大学视频公开课的三个网站，推出一年多时间内，总页面访问量近49亿次，课程总访问量达4768次，评论有63396条。大学生能通过新媒体的信息共享等方便快捷地了解所学专业领域最前沿的知识与信息，通过网上论坛等途径与更多人进行交流讨论，建构专业知识结构。更能开阔视野，拓展知识面，学习和掌握专业领域之外的知识。

新媒体时代，网络搜索是学生获取信息数据的重要途径。新媒体在信息获取方面的便利性和资源的共享性为大学生带来了新难题。通过搜索引擎查阅资料完成作业，不仅造成依赖性，还降低了独立思考能力。部分大学生照搬照抄，导致了学风不正和考试舞弊等现象。少数大学生沉迷于新媒体娱乐中，不知不觉中浪费了宝贵的学习时间。同时受市场经济逐利性的影响，部分大学生把追求分数和技能当作唯一目标，忽视知识的积累储备，丧失探究本质的学习冲动。

从新媒体时代对大学生价值取向的影响方面看，大学生正处在健康成长的阶段，心理、思想都还不成熟，极易受到外界因素的影响，新媒体具有隐蔽性高、传播力强等突出特点，潜移默化地影响着大学生的价值观念。新媒体能够提供丰富、及时的信息，使象牙塔内大学生更全面了解国内外重大时政要闻、热点事件，为宣传党和国家的路线、方针和政策提供良好平台。新媒体培养了大学生关注时事的好习惯，增强了大学生自身的政治敏锐性和判断力。正面的舆论报道和榜样人物，可以在网络上迅速走红。与此同时，网络谣言也能吸引大学生极大关注。大学生正值人生观、价值观成型的关键时期，新媒体传播中的一些不良文化容易误导一些辨别能力较弱的大学生。对于传统的报刊等旧媒体，宣传文化管理部门应该进行严格的审查，过滤不良信息，传播先进的思想和优秀的文化。微博、微信等新媒体形式的开放性和共享性增强了传播的自由性，增大了宣传文化部门进行审查的难度。

随着我国对外方面的扩大和各方面改革的深化，西方发达国家的一些先进成果正逐渐被我国吸收。随之而来的，急功近利、贪图享乐、拜金主义等一些消极思想观念也泛滥开来。新自由主义、西方新闻观、历史虚无主义等错误思潮也借助新媒体制造影响，一些非法组织或个人在网上发布或传播恶意攻击党和政府的反动言论以及质疑改革开放、质疑中国特色社会主义、扰乱社会政治经济发展的不良信息，宣传反科学、反理性、反伦理的迷信思想和颓废情绪等，这些混淆是非、良莠不齐的信息利用新媒体提供的虚拟空间，诱导以多重身份展现自己的大学生，摆脱社会规范和道德伦理的限制滑入错误的泥潭。

二、新媒体时代对大学生思想政治教育模式的影响分析

新媒体时代对大学生思想政治教育理念的影响。在新媒体时代的今天，高校学生的生存环境发生深刻变化，高校与社会之间的围墙，象征性开始大于实质性，由于新媒体空间是一个以多元文化为代表的自由空间，高度开放性和自主性，使虚拟空间的交流不可能像现实思想政治教育一样去评判事物，从而使传统思想政治教育的马克思主义“一元主导”和思想政治工作“教师主体”的理念受到新媒体多元环境的强烈冲击。因此，新媒体环境下，大学生思想政治教育要与新媒体时代相适应，必须牢固树立发展、引导、服务和平等的理念，坚持尊重为本，育人为要，肯定学生的主体性地位，尊重学生的发展特点和人格个性，坚持渗透、开放、法制和正面原则，充分信任学生，增强大学生思想政治教育工作的趣味性、渗透性、亲和力、感染力，努力实现大学生思想政治教育的具体化、人性化、时代化。

新媒体时代对大学生思想政治教育内容的影响。从教育内容来看，传统的思想教育内容主要来源于报刊、书籍、课堂、电视等，以经典著作、政策文件为主，这些内容往往具有信息量小、涉及面窄、传播相对滞后，影响了高校思想政治教育的效果。新媒体时代超大的信息容量和及时的传播速度，使教育的内容不仅全面而丰富，而且具有可选择性和客观性，从而使原本封闭狭窄的高校思想政治教育空间变成了全社会、开放性的教育空间。新媒体时代到来之前，思想政治教育工作者掌握的知识和技能比学生多，因而处于主动地位，而大学生由于知识与信息掌握上处于劣势，在教育活动中处于被动地位。而在新媒体时代，大学生接收信息的渠道超越了原有的书本、课堂，进而可以方便快捷从网络上获取大量思想政治教育信息，客观上弱化了思想政治工作者的信息优势，严重削弱了思想政治工作者的主导地位。一些大学的思想政治教育内容陈旧，没有紧跟时代的步伐进行更新，脱离了大学生的现实学习生活和时代需要。教师不可能再像过去那样，被看作是某种知识的唯一拥有者，他只需传授知识即可。从某种意义上说，他成了集体知识的合作伙伴，他应果断地站在变革的前列，对这种知识加以重组。教师应该从一个教育者转向成管理者、研究者、设计者。

新媒体时代对大学生思想政治教育手段的影响。从教育手段来看，传统思想政治教育，以教师为主导、以书本为纲领、以课堂为中心，同时辅助谈话、讨论、讲座、课外活动、社会实践等其他形式，覆盖面窄、受教育者

少、针对性差，思想政治教育容易止于浅表层次，难以细致入微。由于手段的局限性，这种教育方式强调教育者的权威，是“我讲你听”的单向性过程。这种单纯输入的手段在新媒体时代容易让受教育者产生不信、不服的逆反心理。大学生不再轻易接受教育者的单向灌输，并质疑思想政治教育工作者的权威性。而在新媒体时代，微博、论坛、即时通信工具使高校思想政治教育冲破传统教育方式的时空限制，把文字、图像、声音、动画等表现手段融入思想政治教育之中，使思想政治教育在一个图文并茂、情景交融的环境里进行，手段的改变随即把原本枯燥、单调、抽象、复杂的思想教育变为生动、形象、具体、简单的展示过程，极大丰富了思想政治教育的表现内涵，大学生思想政治教育步入双向互动的轨道，从而使受教育者的体验、思辨、选择得到重视。新媒体既可以进行个别辅导，又可以进行统一教学，还可以两者结合，受教育者能充分发挥主动性，选择个人自学、同学讨论或是老师辅导。因此，通过新媒体，大学生可以借助数字电视、互联网等新媒体形态打破地域和时间的限制，随时随地获取所需的知识和信息，而不必拘泥在规定的时间到固定的场所接受思想政治教育等传统方式。通过文字、图片、视频等相互交流方式，更为方便快捷地发布具有个性化的信息，把教育内容迅速传递给大学生，使思想政治教育更直接、更形象、更深入、更具体。

第三节　新媒体时代大学生思想政治教育的对策思考

揭示新媒体的内涵特点，分析新媒体时代对大学生的深刻影响，目的在于以此为前提，运用思想政治教育社会化、人的全面发展以及社会存在与社会意识关系等思想政治教育领域的前沿理论，由此及彼、由表及里，提出新媒体时代大学生思想教育的新策略、新方法，推动大学生思想政治教育适应新媒体时代的新变化、新环境，从而提高高校思想政治教育的针对性和实效性。

一、着力加强新媒体时代思想政治教育工作队伍建设

思想政治教育工作队伍是加强和改进新媒体时代大学生思想政治教育的组织保证。面对新媒体时代大学生思想政治教育的新情况、新挑战，建设起以政工干部为主体、青年教师为补充、学生干部为辅助，专兼结合、齐抓共

管的高校思想政治教育队伍刻不容缓。

打造新媒体时代高校专职思想政治教育工作队伍迫在眉睫。新媒体时代，大学生强烈的好奇心和对新鲜事物的认同感，使他们成为新媒体最早的接收者和使用者。而思想政治教育工作者却往往处于信息劣势的境地，缺乏接受新生事物的敏锐性。因此，思想政治教育工作者要有敏锐的眼光，及时捕捉影响大学生思想行为的信息，就必须具备良好的教育背景、开阔的世界视野、全面的媒介素养，了解并熟练使用新媒体，才能够与思维活跃的大学生进行良性互动沟通，对大学生开展有效的思想政治教育。

学生党员、学生干部是新媒体时代大学生思想政治教育队伍不可缺少的组成部分。《中共中央、国务院关于进一步加强和改进大学生思想政治教育的意见》（中发〔2004〕16 号）强调指出："要高度重视大学生生活社区、学生公寓、网络虚拟群体等新兴大学生组织的思想政治教育工作，选拔大学生骨干参与学生公寓、网络虚拟群体等新型大学生组织的思想政治教育工作，选拔大学生骨干参与学生公寓、网络的教育管理，针对新媒体使用、传播中出现的不良苗头，招募组建既有良好的思想政治素质又有过硬的信息网络技术的高校网监志愿者队伍，发挥大学生自我教育、自我管理的积极性和主动性，增强思想政治教育的实际效果。"

青年教师是大学生思想政治教育队伍的有益补充。2012 年 1 月，习近平在会见第 20 次全国高校党建会代表时强调，要把加强青年教师队伍思想政治建设作为高校党的建设的重要内容来抓。2012 年 6 月，在部分高校党建工作座谈会上，习近平进一步指出，高校党组织要切实把加强青年教师队伍思想政治建设作为高校党建工作的一个重大而紧迫的问题来抓，关心青年教师，及时掌握青年教师思想动态，深入细致地做好思想引导工作，帮助青年教师在思想政治素质和业务素质上全面进步。《关于加强和改进高校青年教师思想政治工作的若干意见》指出："青年教师与学生年龄接近，与学生接触较多，对学生的思想行为影响更直接，他们的思想政治素质和道德情操对学生的健康成长具有重要的示范引导作用。"

二、全面开展高校媒介素养教育

媒介素养又称媒体素养，是指人们获取、分析、评价和传播各种媒体信息的能力以及使用各种媒体信息服务于个人的工作和生活的能力。媒体素养教育，就是指导人们理性认知并积极主动地享用传媒，有组织、有系统、有计划、有目的地培养人们全面解读、批判和运用传媒信息进行参与式、互动式交往的能力，通过这种教育，培养人们对健康信息的道德判断意识和认知能力，使其能够充分利用媒介资源完善自我，参与社会发展。在新媒体时代，这种教育应当成为每个教育者和大学生的终身追求。一方面，身处新媒体时代的思想政治教育工作者是大学生思想政治教育的主导者，其媒体素养直接关系到思想政治教育的成败。提高高校思想政治工作者媒体素养成为目前十分紧迫的任务，要尽快对教育者的新媒体技术知识和运用能力作出相关规定，提出明确要求，建立专业化新媒体技术培训基地，做到教育者先学一步，率先提高媒介素养教育。另一方面，作为思想政治教育对象的大学生是信息时代新媒体教育的主体，其媒介素养的高低直接影响思想政治教育的实际效果。当代大学生是未来社会文化精英的受众群体之一，“开展大学生媒介素养教育的目的就在于培养其批判性地接受媒介信息的能力、独立思考的能力以及利用媒介为社会服务的能力”[①]。促进大学生全面了解现代传媒技术，树立网络信息是非观念，学会合理安排自己的传媒生活及事务，建立起与传媒的良性互动关系。防止大学生因缺乏现代媒介相关知识，管中窥豹，以偏概全，将媒体中出现的一些个案问题视为普遍常态问题。

要建立高校媒介素养教育体系。国外的媒介素养教育起步较早，我国在这方面相对滞后。目前，我国高校除新闻学相关专业有课程涉及媒介素养教育外，其他专业基本不涉及。高校可以通过公共选修课或者讲座等方式，普及媒介素养基本知识，从整体上提高大学生媒介素养水平。设立媒介素养研究机构，为开展媒介素养教育提供理论支撑。复旦大学率先成立的媒介素养研究中心就是很好的示范。《中共中央、国务院关于进一步加强和改进大学生思想政治教育的意见》（中发〔2004〕16号）指出：“高等学校思想政治理论课是大学生思想政治教育的主渠道，思想政治理论课是大学生的必修课，是帮助大学生树立正确世界观、人生观、价值观的重要课程，体现了社会主义大学的本质要求。”利用好思想政治理论课这一主渠道，将媒介素养教育融入思想政治理论教学中。充分利用新媒体技术，将文字、声音、图像等元素融于一体，应用于思想政治理论课程教育实践中，不断增强理论教学的吸引力和感染力，提升高校思想政治教育实效性。

---

① 李莉：《文化视野中的高校德育创新视点》，《光明日报》2009年11月26日。

三、建立健全思想政治教育监管体系

党的十八大报告明确提出“加强和改进网络内容建设，唱响网上主旋律。加强网络社会管理，推进网络规范有序运行”。新媒体时代，全面加强思想政治教育监管体系，就是要运用技术、行政、法律的手段，系统构建一整套适应新情况、解决新问题的监管机制。

建立健全舆情监控机制。为了确保新媒体时代思想政治教育的良好效果，应当加强对网络舆情的收集整理，增强工作的主动性和前瞻性，防患于未然。过去大学生所接触的信息主要来源于报纸杂志等传统媒体，其内容经过层层把关。然而，在新媒体时代，一人一机的开放式的信息接收方式，需要将关注点放到大学生常用的网络平台，加强对新媒体信息的收集、分析、整理，及时处理不良信息。同时根据新的情况，明确相关校园规定和纪律。

建立健全监管责任机制。“全面加强校园网的建设，使网络成为弘扬主旋律、开展思想政治教育的重要手段。要运用技术、行政、法律手段，加强校园网的管理”，发挥高校组织、宣传、教务、学工等机构的系统整体协同功能，构建思想政治教育监管体系的大机构、大队伍。把新媒体监管职责作为高校思想政治教育的总目标之一，相关工作分解到各不同职能部门，根据不同部门职能性质，侧重完成某一方面的工作，彼此联系，互为补充。注重用系统的思想来规划部门之间的分工与协作，真正实现各部门的协同共进，切实增强高校思想政治教育的联动责任。

建立健全沟通反馈机制。健全的监管体系不能忽视信息的及时反馈。意见表达与反馈是思想政治教育者与大学生进行双向交流、双向互动的纽带，它有助于教育者检验教育效果，改进和优化下一步的教育内容、教育形式和教育手段。因此，只有增强沟通反馈意识，重视主体的意思表达，建立健全反馈机制才能消解轻视主体意思表达及反馈环节不健全所形成的思想政治教育价值实现的障碍。同样地，在思想政治教育过程中，只有通过沟通反馈机制建设，教育者才能认识到反馈的重要性，建立畅通的沟通反馈渠道，积极听取受教育者的意见，掌握受教育者对信息的接受程度，然后作出相应的调节和改变，使下一步的教育输出更具有针对性。也只有这样，受教育者接受思想政治教育的积极性才能提高，思想政治教育的价值才能实现。

四、科学搭建思想政治教育新平台

长期以来，传统思想政治教育把课程教学作为开展教育活动的主要手段，辅以座谈、实践活动、竞赛等手段来开展，思想政治教育平台载体在承载、传导思想政治教育内容信息方面发挥着不可替代的作用。随着新媒体时代的到来，将新媒体作为大学生思想政治教育工作的新平台载体，开展多样的思想政治教育，可以充分发挥“润物细无声”的教育效果。

搭建社会化教育新平台。高校应当以传统思想教育平台载体为基础，以新媒体为主导，最大限度发挥各类平台载体的互补作用。“全社会都要关心大学生的健康成长，支持大学生思想政治教育工作，宣传、理论、文艺、出版等方面要坚持弘扬主旋律，为大学生思想政治教育营造良好的社会舆论氛围。各类网站要牢牢把握正确导向，主动承担社会责任。要主动占领网络思想政治教育新阵地，积极开展生动活泼的网络政治教育活动，形成网上网下思想政治教育的合力。”

开辟立体化互动新平台。学校、家庭、社会都是大学生思想政治教育的重要渠道，在实际生活中，它们每时每刻都在影响着生活在其中的大学生。有关资料显示，近年来网民中使用手机上网比例逐年提升，台式电脑上网比例逐年下降，移动互联网成为主流趋势。截至 2020 年 12 月，我国网民规模达到 9.89 亿，互联网普及率为70.4%，手机网民规模达 9.86 亿，网民中使用手机上网的人群比重达 99.7%，手机稳居第一上网终端地位①。这为家庭、社会有效融入新媒体时代高校思想政治教育提供了技术支撑。这就需要打破学校作为思想政治教育主阵地的单一模式，开辟大学生、家庭、社会与学校四位一体协同作用的系统立体模式，即构建家庭注重道德人格与行为养成的教育，学校注重处理个人与他人及社会和谐关系的价值观、世界观教育，社会注重思想道德行为践履和思想道德理想弘扬的公德教育这三类教育并行的立体化目标层次体系。

构筑网络化教育新平台。目前学校思想政治教育网站存在的问题是内容相对单一，形式比较单调，对学生吸引力不大。要打造校园新媒体平台，必须开辟新媒体虚拟空间与现实空间结合的思想政治教育新途径。同时加强对

① 参见中国互联网络信息中心（CNNIC）第 47 次《中国互联网络发展状况统计报告》，2021 年 2 月 4 日。

QQ、微博、微信、抖音、bilibili（哔哩哔哩）等新媒体平台的使用，推动红色微博、红色网站、红色 QQ、红色电子杂志进入网络主渠道，把中华民族伟大复兴的中国梦作为当前大学生思想政治教育的重要主题，通过新媒体转化为图、文、声、像的形式，对大学生进行全方位、个性化、多维度的思想政治教育，思想政治教育者应摒弃过去纯粹通过课堂“灌输式”手段进行思想政治教育的方式，积极采用新媒体寓教于乐的“渗透式”方式，变单向教育为双向交流，努力实现大学生的自由全面发展。

五、研究借鉴西方国家有效经验

“思想政治教育，作为思想教育、政治教育、道德教育的总称，作为人类的育德活动，是普遍存在的，只不过在不同时期、不同民族、不同国家概念不同而已。”[①] 思想政治教育作为一种社会实践活动，普遍存在于阶级社会的一切国家和一切历史时期，各个国家对其称谓名目纷繁。如英国、美国和法国进行“公民教育”或“公民道德教育”，德国、加拿大进行“政治教育”，新加坡进行“生活教育”，日本则进行“道德教育”，等等。这些教育虽名称各异，但其本质就是国家占统治地位的阶级，力图通过各种形式的思想政治教育来灌输其意志，使其社会成员形成符合统治阶级意志的思想道德素质，以此来巩固统治阶级的统治，这是我们借鉴西方国家先进经验时必须始终把握的基本观点。

美国最擅长运用新媒体进行“公民教育”，他们以新媒体时代的潮流领导者自居，选择最强大的传播媒介 24 小时全天候播出，时刻影响美国人的生活，大肆宣扬美国的政治制度和价值观念，塑造“美国精神”。各种优选的视频资料也被广泛应用于美国学校公民教育课程中，对青少年的思想政治教育起到很好的效果。日本利用动画片传递民族文化、推动青少年社会化，对世界观、人生观、价值观的形象表达解释起到重要作用。

西方国家的思想政治教育无论叫法为何，其实质均可归纳为注重大学生的责任教育、宗教教育和隐蔽的政治教育，将理论知识与社会实践相结合，实施多途径的灵活性教育。开放式的课堂教育模式，运用网络等多种手段，培养了大学生的社会责任感、爱国主义精神。如美国公民教育的核心在于培养合格的美国公民，通过公民教育，众多来自不同国家和民族的移民被成功

---

① 张耀灿等：《现代思想政治教育学》，人民出版社 2006 年版，第 102 页。

塑造为合格的美国公民。公民教育是实现公民政治社会化的重要途径之一，人的社会化的核心目标就是增强人的社会适应性，是人的全面发展的基础之一，这与大学生思想政治教育具有目标的一致性。国外这种渗透性和隐性思想品德和道德素质教育体系，虽然指向性特别明确，但是没有固定的模式和框架，主要根据受教育者的实际情况来施教，具有一定的隐蔽性、自然性、间接性，因此在实践中能起到一种潜移默化的作用。

第六章　高校辅导员

——高校思想政治教育的骨干力量

辅导员是高校思想政治教育的骨干力量。培养德智体美劳全面发展的中国特色社会主义合格建设者和可靠接班人，重点在队伍，关键是教师。“思想战线上的战士，都应当是人类灵魂的工程师。在中国特色社会主义的新时代，在社会主义精神文明建设和整个社会主义建设事业中，他们在思想教育方面的责任尤其重大。”① 全球化的背景，网络化的社会，已使世界联为一体。思想政治教育工作者必须具备过硬的政治素质，开阔的世界视野、全面的媒介素养，才能对大学生开展有效的思想政治教育。因此，培养一支具有政治理论水平、熟悉思想政治工作规律，掌握新媒体传播知识和技术的高校专职思想政治教育工作者队伍迫在眉睫。习近平多次指出，高校党组织要切实把加强青年教师队伍思想政治建设作为高校党建工作的一个重大而紧迫的问题来抓。面对新时代大学生思想政治教育的新情况、新挑战，建设好高校辅导员这支高校思想政治教育重要队伍刻不容缓。

第一节　高校辅导员队伍面临的机遇与挑战

高校辅导员是高校思想政治工作队伍的重要组成部分，是大学生思想政治教育的骨干力量。大学生思想政治教育能否有效开展，与高校辅导员队伍建设的成效有着紧密的联系。习近平在全国高校思想政治工作会议上指出：“长期以来，高校思想政治工作队伍兢兢业业、甘于奉献、奋发有为，为高等教育事业发展作出了重要贡献。要拓展选拔视野，抓好教育培训，强化实

---

① 《邓小平文选》第三卷，人民出版社 1993 年版，第 40 页。

践锻炼，健全激励机制，整体推进高校党政干部和共青团干部、思想政治理论课教师和哲学社会科学课教师、辅导员班主任和心理咨询教师等队伍建设，保证这支队伍后继有人、源源不断。”[①] 近年来，高校辅导员队伍建设取得了较好成效。在中国特色社会主义进入新时代的宏观背景下，高校辅导员队伍建设面临着新的机遇与挑战，需要不断适应新形势、研究新情况、解决新问题。

高校辅导员地位作用有了新定位。2016 年 12 月，全国高校思想政治工作会议在北京召开。翌年，中共中央、国务院印发了《关于加强和改进新形势下高校思想政治工作的意见》对高校思想政治工作作出了全面部署，从加强和改进新形势下高校思想政治工作的重要意义和总体要求、强化思想理论教育和价值引领、加强教师队伍和专门力量建设、推进高校思想政治工作改革创新等方面提出了明确要求[②]。高校辅导员作为思想政治教育教师队伍和专门力量的重要地位角色进一步确立。2017 年 12 月，教育部印发了《高等学校思想政治工作质量提升工程实施纲要》，提出要一体化构建内容完善、标准健全、运行科学、保障有力、成效显著的高校思想政治工作质量体系，形成全员全过程全方位育人格局。高校辅导员如何融入构建与一流高校建设和一流学科教育相适应的工作体系，在培养担当民族复兴大任的时代新人中发挥重要作用有了更明确的定位。

高校辅导员队伍建设提出新要求。2017 年，教育部以教育部令形式颁布新修订的《普通高等学校辅导员队伍建设规定》，即教育部第 43 号令。新修订的《普通高等学校辅导员队伍建设规定》着眼于建设一支适应新时代高校思想政治形势需要的专业化职业化辅导员队伍，对高校辅导员队伍建设中的要求与职责、配备与选聘、发展与培训、管理与考核等若干基本方面做出了新的明确规定[③]。教育部第 43 号令提出，高校要坚持把立德树人作为中心环节，把辅导员队伍建设作为教师队伍和管理队伍建设的重要内容，整体规划、统筹安排，不断提高队伍的专业水平和职业能力，保证辅导员工作有条

---

① 《习近平谈治国理政》第二卷，外文出版社 2017 年版，第 380 页。

② 中共中央 国务院印发《关于加强和改进新形势下高校思想政治工作的意见》，《人民日报》2017 年 2 月 28 日。

③ 参见教育部网站《普通高等学校辅导员队伍建设规定》，http://www.moe.gov.cn/srcsite/A02/s5911/moe_621/201709/t20170929_315781.html。

件、干事有平台、待遇有保障、发展有空间。如何贯彻落实《普通高等学校辅导员队伍建设规定》，构建高校辅导员能力提升、职业发展和考核评价等工作体系，激发高校辅导员队伍内生动力，加强能力建设、作风建设，增强职业认同感和归属感，是高校辅导员队伍建设的重中之重。

高校辅导员工作对象呈现新特点。当前“00后”逐步进入大学，“00后”作为新媒体时代的原住民，与上一代大学生在思想行为方面存在代际差异。在新媒体时代，高校辅导员工作也呈现出新的特点。从时间精力的投入看，在微信、抖音、bilibili（哔哩哔哩）、QQ、微博等各类新媒体平台上，辅导员全天候、随时随地可以对学生开展教育工作，及时掌握学生的思想动态，第一时间解答学生的问题和疑惑，帮助学生走出误区、摆脱困惑。这使得新媒体时代的高校辅导员工作客观上具有一定隐蔽性，需要辅导员凭借自身职业道德自觉自愿的真心投入。从知识技能的储备看，面对新媒体提供给高校辅导员的海量信息，辅导员需要通过网络等新媒体主动学习，全面了解掌握政治、经济、社会和文化等领域的最新知识和动态，增加自身的知识储备，完善自身的知识体系。否则面对一些前沿的新知识和新动态，极可能陷入学生知道、辅导员却不甚了然的尴尬局面，进而挑战辅导员的教育权威，影响新媒体时代的思想政治工作效果。

高校辅导员社会环境发生新变化。面对世界百年未有之大变局的时代背景，经济全球化的曲折发展，政治多极化的世界格局，社会网络化的复杂形势，以及价值多元化的社会现象使高校辅导员无论政治素质、专业素养还是工作能力都面临严峻的挑战。各种社会思潮的相互激荡、意识形态领域的斗争博弈，都会在高校辅导员和大学生中产生连锁反应，中国共产党为什么“能”、马克思主义为什么“行”、中国特色社会主义为什么“好”等一系列重大思想政治之问，需要高校辅导员坚定理想信念，打牢专业基础，增强履职能力，针对大学生的认识程度从理论高度和实践角度上给予科学的回答。此外，新媒体时代需要辅导员有更高精神境界的追求。新媒体上各种思潮交流碰撞，一些错误的价值观念也会对辅导员的政治信仰造成干扰，甚至让一些辅导员自身出现思想困惑、信仰迷失、理想淡漠。面对复杂舆论环境，辅导员必须坚定信仰，才不会动摇精神支柱。随着经济的发展和社会的进步推动高校辅导员思想政治教育方式方法改革创新，以适应不断变化的形势。

面对难得的发展机遇和严峻挑战，高校辅导员队伍建设还存在以下问题。

高校辅导员职业发展路径不够明确。尽管国家颁布了支持辅导员队伍建设的政策，明确规定辅导员是高校教师队伍和管理队伍的重要组成部分，吸引了一些优秀人才从事辅导员事业。但是一些高校辅导员选拔标准不够明确，辅导员入职后培训体系不够健全，造成辅导员岗位的人岗匹配度不高，不能适应新媒体时代对于辅导员的客观要求。部分高校对辅导员工作配套支持政策不足，对于新媒体环境下高校辅导员职业能力培养与辅导员晋升、职称评聘、进修深造等关系辅导员队伍可持续发展的问题重视程度不够，辅导员队伍建设和发展的政策往往得不到真正落实。客观上造成了辅导员职业地位和职业公信力不高，广大师生对辅导员工作的职业认同感不强。辅导员找不到往纵深发展的职业路径，积极性受到挫伤，职业认同感降低，缺乏提升职业道德的动力。

高校辅导员双线晋升的政策亟待调整优化和细化落地。有学者研究发现，高校辅导员双线晋升发展路径存在悖论，“名义上提供双重机会的双线晋升政策，因与辅导员的工作特征不相匹配，实质上变成了辅导员晋升的双重困境”①。还有研究认为，“辅导员‘双线’晋升仍存在‘上热、中温、下凉’的情况，政策执行不到位、连续性不足、系统性不强等问题依然比较突出”②。

辅导员岗位能力素质不够全面。面对新媒体时代的大学生，部分辅导员的职业素质出现了不匹配、不适应的状况。我国正处于经济发展的新常态和改革开放的攻坚期，社会价值观念呈现多元化发展的态势。多个连接全球、联动中国的重要新媒体平台迅速成长壮大，纷繁多样的信息内容都借助这些新媒体平台进行广泛传播，扩大其自身的影响力，信息内容的多元化加剧了价值观念的多元化。新媒体时代开放的传播平台和平等的话语体系，对传统高校思想政治教育话语体系构成冲击，对辅导员岗位能力素质提出更高要求。大学生正处在社会化关键阶段，心理、思想易受到外界因素的影响，新媒体在潜移默化中影响着大学生的价值观念。部分辅导员缺乏与时俱进的知

---

① 陈向明、王富伟：《高等学校辅导员双线晋升悖论——一项基于扎根理论的研究》，《教育研究》2021 年第 2 期。

② 杨智勇：《高校辅导员“双线”晋升的现实制约与解决路径》，《思想理论教育》2020 年第 12 期。

识结构、教育理念和创新思维，对大学生进行教育与引导的理论基础和职业能力不足，无法满足当代大学生身心发展的需要。

辅导员新时代思想政治工作的亲和力和针对性有待提升。辅导员思想政治教育工作顶层设计尚需完善，在构建一体化育人体系，实现全员全过程全方位育人中，辅导员如何将思想政治教育的基本原理变成生动道理的方式方法还有待创新，开展理想信念教育的时代感和感召力有待提升。辅导员在社会主义核心价值观培育和践行中工作路径尚需持续深入推进。

辅导员职业培训体系不够健全。按照教育部43号令关于辅导员工作职责的要求，不少高校都构建了辅导员队伍培训培养体系，开展入职培训、在岗培训和网络培训等多样化的培训，实现了辅导员培训全覆盖。但从实际效果和辅导员的反映来看，由于受师资力量、差异化需求和工作内容多学科性等多重因素影响，聚焦辅导员职业化发展、着眼于工作实际需要的体系式、系统化培训体系不够健全，辅导员自身在培训中获得感不足。部分辅导员反映，他们面对多样化的学生思想引领、个性化的学生发展需求和常态化的安全稳定工作，存在着能力不足、“本领恐慌”等现实困境，他们期待高校构建体系式、系统化和分层次的培训培养体系。

辅导员考核评价机制不够完善。近年来，国家教育行政部门虽然出台了不少有关教师职业道德建设方面的文件。但在高校贯彻落实中，缺乏针对辅导员群体的具体制度和措施，没有针对新媒体时代辅导员岗位特点来建立行之有效的辅导员职业道德评价、考核和激励约束机制。辅导员实际工作主要围绕大学生思想政治教育和日常学生事务管理展开，新媒体是工作开展的重要载体，但由于工作内容灵活性较强、工作过程较为隐性等特点，高校对辅导员职业道德缺乏行之有效的考核评价，制度建设滞后，工作机制不完善。在日常管理中，重视辅导员业务素质和工作技能的提升，针对职业道德的过程管理却较少。在岗位考核中，缺乏科学的量化指标来评价辅导员职业道德状况。从而使日常管理和岗位考核等手段没有发挥应有的导向作用，没有对辅导员职业道德水平做出客观公平的考核评价。

辅导员思想引领聚焦不足。大学生思想政治工作新形势新任务新要求对辅导员提出了新的更高要求，辅导员工作内容不断拓展，就业指导、创新创业服务、心理健康教育、形势政策教育等新领域成为辅导员的重要工作内容，加之工作规范化精细化要求不断提高，安全稳定任务更加艰巨，甚至还要承担非职责范围内的学生事务服务工作。但无论如何不能忽视大学生思想引领这一主职主业。无论如何不能弱化辅导员的政治属性，应始终把政治建设放在辅导员队伍建设的首要位置，辅导员相对专业教师最大的不同就在于是一支具有较高政治素养的专职思想政治教育骨干力量。弱化政治属性，过于繁杂的事务性工作，导致难以有足够的时间和精力开展有针对性的思想引领工作，大学生政治教育、思想启迪、信念塑造和价值观培育还需聚焦聚力。

辅导员队伍结构优化机制比较欠缺。目前大部分高校已建设了一支专兼职结合、数量充足的辅导员队伍。但在职业化专业化、职称结构和兼职队伍建设等方面还存在一定的问题，如专职辅导员流动较快，需要统筹解决好优进、优出和优留的问题；辅导员职称评审天花板现象一定程度仍然存在，具有中级及以上职称的辅导员占比偏小；兼职辅导员来源较为单一，稳定性不强、作用发挥不够。统筹解决辅导员流动过快，构建队伍结构优化的长效机制亟待解决。

以上这些高校辅导员队伍建设中的问题都值得引起重视，要坚持价值导向、问题导向和目标导向的有机统一，采取有效举措进行解决。

第二节　高校辅导员队伍的政治建设

着力提高辅导员政治素养。高校辅导员的神圣使命要求提高政治素养。高校辅导员是高校育人主体的重要组成部分，是大学生成长成才的人生导师和健康生活的知心朋友，肩负着立德树人，把大学生引导成为又红又专、德才兼备、全面发展的中国特色社会主义合格建设者和可靠接班人的光荣职责；对大学生开展思想政治教育，引领他们树立坚定正确的政治方向，坚定理想信念，努力成为中国特色社会主义事业的合格建设者和可靠接班人，理所当然是辅导员的基本任务。高校辅导员履行好大学生政治思想引领者的角色定位要求其自身必须具备良好的政治素养。高校辅导员的天然属性要求提高辅导员的政治素养。高校辅导员一职从其诞生之日起，就被赋予了政治属性，是一支既携带红色基因又体现时代特色的思想政治工作队伍。政治辅导员是高校辅导员最初称呼，思想理论教育和价值引领是高校辅导员的首要职责，鲜明的政治属性是高校辅导员的根本特征，这就要求高校辅导员不忘初心，始终把政治品格的锤炼放在首位，提高政治站位，增强政治能力。高校辅导员所处的复杂环境要求提高辅导员的政治素养。高校历来是意识形态争夺的重要阵地，大学生历来是各种错误思潮渗透的重要群体，面对错综复杂的国际环境，面对百年未有之大变局，针对境内外敌对势力加紧对我国进行意识形态渗透，以及新自由主义、历史虚无主义、西方“宪政民主”对高校的严重干扰，高校辅导员政治素养直接关系着高校思想政治工作队伍的质量和大学生思想政治教育的效果。

列宁曾经说过：“政治同经济相比，不能不占首位。不肯定这一点，就忘记了马克思主义的最起码的常识。”[①] 毛泽东指出：“没有正确的政治观点，就等于没有灵魂。”[②] 邓小平强调：“到什么时候都得讲政治。”[③] 习近平反复强调指出：“要不断增强政治意识，提高政治判断力、政治领悟力、政治执行力。”[④] 这些论述都深刻阐明了讲政治的极端重要性。高校辅导员肩负着高等学校学生日常思想政治教育和管理工作的组织者、实施者、指导者的重大责任，建设一支新时代政治过硬的高校辅导员队伍势在必行。

建设一支新时代政治过硬的高校辅导员队伍必须坚定政治信仰，夯实理论基础，提升政治领悟力。政治信仰是政治方向、政治立场、政治观点、政治态度等方面的综合反映。习近平深刻指出：“一名干部有了坚定的理想信念，站位就高了，心胸就开阔了，就能坚持正确政治方向，做到‘风雨不动安如山’。”[⑤] 对马克思主义的信仰，对社会主义和共产主义的信念，是高校辅导员的政治灵魂，是高校辅导员经受住任何考验的精神支柱，只有坚定了这份信仰和信念，辅导员队伍才会有抵御各种政治病毒的免疫力，“没有理想信念，理想信念不坚定，精神上就会‘缺钙’，就会得‘软骨病’”[⑥]，习近平新时代中国特色社会主义思想，充满着对马克思主义的坚定信仰，充满着对共产主义的坚定信念，蕴含着丰富的马克思主义世界观和方法论，只有学习好、掌握好这一重要思想，深刻把握贯穿其中的科学思想和工作方法，做到学深悟透弄懂，才能更好地用马克思主义中国化最新成果武装头脑、指导

---

① 《列宁选集》第四卷，人民出版社 1972 年第 2 版，第 441 页。

② 《毛泽东选集》第五卷，人民出版社 1977 年版，第 385 页。

③ 《邓小平文选》第三卷，人民出版社 1993 年版，第 166 页。

④ 参见《加强政治建设提高政治能力坚守人民情怀不断提高政治判断力政治领悟力政治执行力》，《人民日报》2020 年 12 月 26 日；《充分发挥全面从严治党引领保障作用确保“十四五”时期目标任务落到实处》，《人民日报》2021 年 1 月 23 日。

⑤ 《习近平谈治国理政》第三卷，外文出版社 2020 年版，第 519 页。

⑥ 《习近平谈治国理政》，外文出版社 2014 年版，第 15 页。

实践、推动工作。

建设一支新时代政治过硬的高校辅导员队伍必须把准政治方向，强化党性锤炼，提升政治鉴别力。随着高校辅导员选拔标准的统一和规范，高校辅导员队伍已逐步打造成一支主要由党员组成的思想政治教育先锋队。这样，作为高校管理干部的辅导员队伍实质上已具备高校党员干部队伍属性，且因其年龄相对较轻又是高校中青年党员干部队伍。习近平在2020年秋季学期中央党校（国家行政学院）中青年干部培训班开班式上强调，中青年干部"要不断提高政治敏锐性和政治鉴别力，观察分析形势首先要把握政治因素，特别是要能够透过现象看本质，做到眼睛亮、见事早、行动快"。"坚决防止和克服嗅不出敌情、分不清是非、辨不明方向的政治麻痹症。"① "我们所要坚守的政治方向，就是共产主义远大理想和中国特色社会主义共同理想、'两个一百年'奋斗目标，就是党的基本理论、基本路线、基本方略。"②

建设一支新时代政治过硬的高校辅导员队伍必须强化政治担当，坚持问题导向，提升政治判断力。问题就是时代的声音，历史总是在不断解决问题中前进的。坚持问题导向是马克思主义的鲜明特点，我们党领导人民干革命、搞建设、抓改革，都是为了解决我国的实际问题。党的十八大以来，各项事业取得历史性成就，大学生思想政治教育产生显著效果，其中一条很重要的经验就是坚持问题导向，把解决实际问题作为打开工作局面的突破口。高校思想政治教育的历史和现实充分表明，不同时期总有属于它自己的问题，只要科学地认识、准确地把握、正确地解决这些问题，就能够把大学生思想政治教育不断推向前进。高校辅导员只有不断提高解决实际问题能力，在实践中锤炼本领，才能更好为实现新时代高校立德树人的崇高使命不懈奋斗。

建设一支新时代政治过硬的高校辅导员队伍必须提升政治能力，培养斗争精神，增强政治执行力。"在干部干好工作所需的各种能力中，政治能力是第一位的。有了过硬的政治能力，才能做到自觉在思想上政治上行动上同党中央保持高度一致，在任何时候任何情况下都能'不畏浮云遮望眼'、'乱

① 《习近平谈治国理政》第三卷，外文出版社2020年版，第97页。

② 《习近平谈治国理政》第三卷，外文出版社2020年版，第93页。

云飞渡仍从容’。”① “提高政治能力，很重要的一条就是要善于从政治上分析问题、解决问题。只有从政治上分析问题才能看清本质，只有从政治上解决问题才能抓住根本。”② “努力培养斗争精神、增强斗争本领，使思想、能力、行动跟上党中央要求、跟上时代前进步伐、跟上事业发展需要”③，高校辅导员对大是大非和政治原则问题决不能含糊其词，更不能退避三舍，必须以战斗的姿态，敢于亮剑，绝不做“骑墙派”“看风派”，不能搞“爱惜羽毛”那一套。

第三节　高校辅导员队伍建设的若干举措

严格辅导员准入标准。《普通高等学校辅导员队伍建设规定》就辅导员的基本条件提出明确要求，首要条件就是“具有较高的政治素质和坚定的理想信念，坚决贯彻执行党的基本路线和各项方针政策，有较强的政治敏感性和政治辨别力”；职业道德建设必须建立在从业人员具有一定的职业能力基础上，否则，职业道德就无从谈起。因此，把好准入关是加强新媒体时代高校辅导员职业道德的基础。思想政治教育工作具有自身的规律和特点。新媒体时代的大学生思想活跃，需求日趋多元，新媒体颠覆了大学生获取信息的方式，各类新媒体平台上思想碰撞日趋频繁，文化交锋日益明显，在不知不觉中对大学生价值观念、思想意识、行为方式产生不可忽视的影响。“三年一个小代沟、五年一个大代沟。”辅导员必须具备新知识、新技能，拥有开阔的眼界视野、复合的知识结构，具有良好的人文素养，才能创新工作方式，与学生无代沟地沟通交流，在轻松愉悦的环境中引导学生的思想成长。要制定明确严格的辅导员准入标准，选拔政治强、业务精、纪律严、作风正，具备思想政治教育工作相关学科的宽口径知识储备，具有较强的组织管理能力和语言、文字表达能力，教育引导能力、调查研究能力和运用新媒体开展工作能力的辅导员，进而提高辅导员职业道德水平。

---

①　习近平在中央党校（国家行政学院）中青年干部培训班开班式上发表重要讲话强调《年轻干部要提高解决实际问题能力想干事能干事干成事》，《人民日报》2020 年 10 月 11 日。

②　《习近平谈治国理政》第三卷，外文出版社 2020 年版，第 98 页。

③　《习近平谈治国理政》第三卷，外文出版社 2020 年版，第 87 页。

一是优化辅导员整体结构。将辅导员队伍建设纳入学校教师和干部队伍建设规划，进一步优化专职辅导员队伍结构，坚持优留和优出相结合，鼓励和支持表现优秀的辅导员职业化专业化发展，建设一支初级、中级和高级比例合理的专职辅导员队伍。二是积极探索破解职称评审难题。2017 年华中农业大学出台了思想政治教育系列职称评审办法，从两年实施情况来看，辅导员符合职称评审的人数增幅明显。高校将进一步突出业绩导向和育人实效，把握辅导员岗位差异性，优化辅导员职称评审条件。同时也将进一步实施科研能力提升计划，引导辅导员围绕工作开展实践研究，提升调查研究能力。三是加强兼职辅导员队伍建设。进一步拓展选聘视野，鼓励和支持优秀的青年教师、青年干部担任兼职辅导员，出台《兼职辅导员选聘管理办法》，规范选聘、管理、道德的养成。职业道德建设也是一个道德的自我提升、自我发展和自我完善的过程，必须通过辅导员对职业道德修养的不断提升，做到学为人师、行为人范，承担起育人职责。要完善现有的辅导员培训体系，与新媒体时代相适应。在具体落实上将职业道德摆到突出位置，贯穿到辅导员培训的各个环节。将辅导员自我学习与组织培训相结合，日常培训和专题培训相结合，业务知识进修和专业知识培训相结合，不断提高辅导员的职业道德水平。

二是加强辅导员队伍培训顶层设计。将辅导员队伍培训纳入学校教师队伍培训整体规划，给予经费保障、学历提升、专题研修和出国出境交流等全方位、系统化的支持。二是优化辅导员培训培养体系。建立体系式、系统化和分层次的辅导员培训培养机制，坚持需求导向、目标导向和问题导向相统一，注重供给侧和需求侧相统一，实现线上自学和线下培训相结合、理论学习和实践研究相结合。加强培训内容设计和培训方式创新，构建辅导员自学、互学、问学、践学和领学等全方位、立体化的职业能力提升体系。实施辅导员队伍与思想政治理论课教师协同育人计划，支持和鼓励辅导员承担思想政治理论课教育教学任务。加强实践锻炼和实操培训，开展案例分享、专题沙龙，推出一批辅导员名师工作室。

进一步健全辅导员考核机制。辅导员职业道德的发展是一个由他律向自律转化的过程，是一个不断提高完善的过程，高校对辅导员道德考核和评价要制度化、规范化，体现出新媒体时代对辅导员职业道德的要求。党的十八大报告针对努力办好人民满意的教育这一战略任务，强调加强教师队伍建设，提高师德水平和业务能力，增强教师教书育人的荣誉感和责任感。高校辅导员是高校教师队伍的重要组成部分，是大学生思想道德建设的指导者和引路人。要结合时代特点，新媒体时代辅导员工作的实际情况，建立健全高校辅导员职业道德考核评价机制，全面考察辅导员职业道德修养状况。还应充分发挥考核评价结果在辅导员职业生涯发展中的作用，向职业道德高尚的优秀者倾斜，将考核评价结果与辅导员职称评聘、提拔任用、教育培养等紧密结合起来，激励辅导员不断夯实自身职业道德基础。

一是强化辅导员互联网思维。推动思想政治工作传统优势与信息技术高度融合，创建“互联网＋党建”“互联网＋思想政治教育”“互联网＋心理咨询”新平台、新模式，依托“易班”中心建设各类平台，打造辅导员网络思想政治新阵地。二是加强网络思想政治专项能力建设。举办网络思政专题研讨和新媒体技术实操培训班，提升辅导员建网用网管网能力。以辅导员为主体，建设一支优秀的网络宣传员、网络评论员、网络咨询员、网络管理员队伍。三是完善网络工作激励机制。落实将网络文化作品纳入职称评审成果统计以及科研成果奖励，将网络思想政治教育效果纳入辅导员年度考核。每年开展优秀新媒体、优秀原创产品和先进个人评选。

辅导员作为大学生思想政治教育工作的骨干力量，工作压力大，工作投入大，“5＋2”“白＋黑”“365天在岗”是他们工作的常态，工作任务量和工作时间超饱和是常态，所以要从政策和待遇上给予关心、爱护。教育部第43号令第十六条指出：“应根据辅导员的工作特点，在岗位津贴、办公条件、通讯经费等方面制定政策。”但在实际操作中有一定的难度，应当根据不断发展变化着的工作环境进一步细化政策条文，使学校出台和制订辅导员相关的规定时有明确的政策依据。

进一步加强辅导员职业道德建设。《公民道德建设实施纲要》将职业道德定义为“所有从业人员在职业活动中应该遵循的行为准则，涵盖了从业人员与服务对象、职业与职工、职业与职业之间的关系”。《高等学校辅导员职业能力标准（暂行）》明确提出“高校辅导员是履行高等学校学生工作职责的专业人员，要经过系统的培养与培训，具有良好的职业道德”。高校辅导员职业道德作为在一定时期高校辅导员开展大学生思想政治教育所应遵循的行为规范和所需具备道德品质的总和，是调节辅导员与大学生、辅导员与大学相互关系的行为准则。随着互联网技术等新技术的不断高速发展，以互联网媒体、手机媒体为代表的新媒体已经渗透到社会生活的各个角落。新媒体已经成为高校辅导员开展日常工作的重要载体。运用大学生喜闻乐见的新媒体平台开展网络思想政治教育，了解大学生身心状态，与大学生沟通交流已经成为辅导员工作的常态。高校辅导员作为高校育人工作的重要力量，其职业道德对大学生成长起着至关重要的作用。新媒体时代对高校辅导员工作而言既是机遇也是挑战，高校辅导员职业道德建设日趋重要。

职业道德具有鲜明的时代性，结合当前时代发展的主要特点，研究高校辅导员职业道德建设应注重：一，在新媒体时代，加强高校辅导员职业道德建设，把职责同道德义务、良心等道德感情结合起来，可以提高辅导员职业道德修养和职业荣誉感，增强辅导员队伍的战斗力；二，在新媒体时代，辅导员职业道德是高校师德师风建设的一部分，加强辅导员职业道德建设将促进高校教师整体道德风范的不断优化；三，在新媒体时代，辅导员职业道德对大学生思想政治素质、道德素质乃至人文素养的养成具有直接而深远的影响，关系到高等教育人才培养的质量。

第七章　志愿服务

——高校思想政治教育的重要载体

志愿服务是以培育和践行社会主义核心价值观为导向，通过实践习得、氛围熏陶等形式，促进大学生全面发展的重要实践育人形式。大学生通过志愿服务走进社区、走进农村、走进基层，加强了对国情、民情和社情的了解，增强了家国情怀，累计志愿服务时间为22.68亿小时①。全国所有的省（区、市）、273个市（地、州、盟）、2700个县（市、区、旗）和2000多所高校都建立了青年志愿者协会等志愿服务组织，实名注册志愿者超过7000万人②。积极主动参与志愿服务逐渐成为大学生的生活风尚。分析大学生志愿服务的内涵及特点，发挥志愿服务对高校思想政治教育的重要作用，以志愿服务为载体助推高校思想政治教育创新发展是新时代高校思想政治教育的重要课题。

第一节　大学生志愿服务的内涵及特点

志愿服务的形成源于人类文明的历史发展，现代志愿服务起源于19世纪初西方国家宗教团体的慈善服务。我国志愿服务虽起步晚，但发展较快。自20世纪60年代毛泽东号召向雷锋学习的志愿服务萌芽阶段，到20世纪70年代后期志愿活动和志愿者在我国开始出现，再到1993年共青团中央启动中国青年志愿者行动计划，我国现代志愿服务活动如火如荼地展开，有规

---

① 参见中国社会科学院社会政策研究中心、社会科学文献出版社等联合发布的《慈善蓝皮书：中国慈善发展报告（2020）》，2020年7月26日。

② 《书写新时代青年志愿者行动新篇章——在国家前行道路上留下青春印记》，《中国青年报》2019年10月9日。

章制度、有组织管理的志愿服务普遍开展起来。

志愿服务的核心是志愿精神，主体是广大志愿者。团中央《中国注册志愿者管理办法》将志愿服务定义为志愿者组织、志愿者服务社会公众生产生活和促进社会发展进步的行为。丁元竹认为志愿精神是一种不为报酬而自愿参与推动社会进步和社会发展的公民精神、社会责任和生活品质，是个人对生命价值、社会、人类和人生观的一种积极态度。志愿者是指一种基于道德、良知和社会责任等因素，自愿奉献个人时间和精力，为社会无偿提供服务的人。祝灵君认为，志愿精神是一种积极的人生态度，是现代公民社会的核心精神，它包括五个方面内容：志愿服务的基础是互助和自助，核心是慈善和为他人服务，本质是参与，前提是独立与自治，结果是倡导运动。

中央文明委《关于深入开展志愿服务活动的意见》指出，志愿服务“体现着公民的社会责任意识，是人们自觉为他人和社会服务、共同建设美好生活的生动实践，是现代社会文明程度的重要标志，是新形势下推进精神文明建设的有效途径”。

志愿服务是社会发展进步的明显标志。习近平指出“志愿服务是社会文明进步的重要标志”[①]。进入21世纪以来，志愿服务发展迅速，涉及范围更加广泛，形式内容更加多样。在新世纪的志愿服务发展进程中，2008年、2020年分别是两个重要时间点。2008年，“5·12”汶川大地震发生后，全国各地志愿者参加抗震救灾和灾后重建，其中高校志愿者发挥了积极作用，充分展现了一方有难、八方支援的可贵精神。在这次从事应急抢险救援的志愿服务过程中，也暴露出了志愿者缺乏突发性自然灾害专业性知识、缺乏持久性和连续性等问题[②]。同年8月，北京奥运会成为我国志愿服务发展的重要节点，170万志愿者参与北京奥运会赛会志愿服务，用真诚微笑和优质服务向世界展示了中国青年的担当作为，赢得了广泛赞誉。

志愿服务是精神文明建设的重要内容。精神文明建设与志愿服务紧密相连，志愿服务既是精神文明建设的重要手段，又是精神文明建设的有效载体，“奉献、友爱、互助、进步”的志愿精神的倡导和弘扬，不仅推动社会

---

① 《书写新时代青年志愿者行动新篇章——在国家前行道路上留下青春印记》，《中国青年报》2019年10月9日。

② 杨洁、胡子祥：《重大突发性自然灾害救助中高校青年志愿者服务研究——以5·12汶川大地震抗震救灾为例》，《黑龙江高教研究》2010年第9期。

主义核心价值观落细落小落实，而且关系群众性精神文明创建活动深入持久，“志愿服务是推进精神文明建设的重要途径及主要抓手，志愿服务发展的质量也是衡量一个国家精神文明建设成效的重要标杆”[①]。志愿服务对精神文明建设的重要作用在社会重大疫情发生时更能得到充分体现。习近平指出“广大志愿者等真诚奉献、不辞辛劳，为疫情防控作出了重大贡献”[②]，要广泛宣传一线志愿者的感人事迹，“在全社会激发正能量、弘扬真善美，推动社会主义精神文明建设”[③]。2020年，突如其来的新冠肺炎疫情在全球肆虐。作为百年来全球发生的最严重的传染病大流行，1949年以来我国遭遇的传播速度最快、感染范围最广、防控难度最大的重大突发公共卫生事件，疫情对人民生命安全和身体健康造成严重威胁。面对严重疫情，千千万万志愿者在抗疫第一线的各类岗位默默奉献，为阻断疫情蔓延、为全国抗疫取得决定性胜利发挥了重要作用。在2020年9月举行的全国抗击新冠肺炎疫情表彰大会上，习近平指出，“在这次抗疫斗争中，青年一代的突出表现令人欣慰、令人感动”“青年一代不怕苦、不畏难、不惧牺牲，用臂膀扛起如山的责任，展现出青春激昂的风采，展现出中华民族的希望！”[④]

志愿服务是美好生活愿景的道德实践。习近平指出：“人民对美好生活的向往，就是我们的奋斗目标。”[⑤] 美好生活理论引领志愿服务实践，越来越多的大学生参与志愿服务活动，把志愿服务推向新的发展高峰。志愿者们在给社会带来暖流，给受助者送去爱心的同时，也提升了自身修养。从宏观层面看，大学生志愿服务是人类德行和核心价值观的一种体现。从微观层面来看，大学生志愿服务是大学生社会化和道德养成的重要环节。从志愿服务的道德层面不难看出志愿服务是一种积极的人生态度，是一种生动的社会实践，是一种高尚的价值追求，也是一种难得的人文关怀。“志愿服务是当今

---

① 陶倩、蒲菁斐：《美好生活视域下的中国特色志愿服务发展探析——基于习近平总书记关于中国特色志愿服务发展重要论述的分析》，《思想教育研究》2021年第3期。

② 《习近平在统筹推进新冠肺炎疫情防控和经济社会发展工作部署会议上的讲话》，人民出版社2020年版，第3—4页。

③ 《习近平在统筹推进新冠肺炎疫情防控和经济社会发展工作部署会议上的讲话》，人民出版社2020年版，第15—16页。

④ 习近平：《在全国抗击新冠肺炎疫情表彰大会上的讲话》，《人民日报》2020年9月9日。

⑤ 《习近平谈治国理政》，外文出版社2014年版，第4页。

社会最广泛的道德实践。个体通过经常参与志愿服务，反复进行道德体验，渐渐地从中体会快乐，体会价值实现，从而有助于个体将外在的社会规范内化为自身的行为习惯和心理定式，促进德性的养成。因此，德性来自规范行动的习惯性倾向，志愿服务是德性与德行的统一。”①

志愿服务基于自愿原则，不受外界强制，志愿者主动自觉参与、服务社会，具有自愿性。这就要求志愿服务尊崇志愿者本意，在志愿者充分了解志愿服务价值、功能、目的前提下，切实了解志愿服务的深刻内涵，真正弄清志愿服务带给社会和个人的具体影响，深入思考何种志愿服务需要何种能力和知识，如实评价志愿服务各相关方，自觉控制志愿者自己的行为。从而体现出一种不为外力胁迫的自由意志，让志愿服务成为具有独立人格、尊严、意志的人们自主选择身份的结果。

志愿服务以社会公益为基点，倡导奉献和利他精神，具有公益性。志愿服务是“以志愿求公益”的高尚事业，是指在不求回报的情况下，不以物质报酬为目的，利用自己的时间、技能等资源，自愿为国家、社会和他人提供服务，为改善社会公益，促进社会进步自愿付出个人精力所作出的服务工作。志愿服务是社会成员基于社会责任感、使命感，在公权力之外动员社会资源，主动维护公共利益，满足公共需求，提供公共产品，优化或重建社会关系与结构，解决或改善社会问题的行为。志愿者通过参与志愿服务，使自己的能力得到提高，同时也促进了社会的进步。既表现为社会物质利益的整体提升，又体现在社会精神境界的整体升华，奉献是志愿服务精神的精髓，利他是志愿服务的伦理特征。

志愿服务以服务他人和奉献社会为宗旨，不受利益驱使，不以营利为目的，具有无偿性。志愿服务有成本，志愿者无报酬。“志愿者在志愿服务中付出时间、劳动、智力等，是不能获取报酬的，但为此付出的交通等成本，是可由志愿服务组织、服务对象或企业，通过补贴的方式来帮助志愿者分担；也可通过提供保险、培训学习等方式，给予志愿者一定回报或保障。志愿服务成本既可由志愿者组织方、志愿者、志愿服务对象独自承担，也可由多方共同承担。”② “无偿性的特征使其彻底摆脱了雇佣劳动关系的束缚，志

① 陶倩、蒲菁斐：《美好生活视域下的中国特色志愿服务发展探析——基于习近平总书记关于中国特色志愿服务发展重要论述的分析》，《思想教育研究》2021 年第 3 期。

② 张晓红：《提升全社会志愿服务认知》，《光明日报》2020 年 12 月 17 日。

愿者与其服务劳动是内在同一的，志愿服务不是商品，而是志愿者通过自身劳动回归人的本质属性的一项自愿积极行动。”[①] “使得货币丧失了其抽象的遮蔽作用，志愿者可以通过参与志愿服务充分表达和践行自己的价值信仰和道德理念。”[②] “通过让人们亲身参与社区事务和提供面对面的服务，志愿服务能缓解日益官僚化的生活所导致的非人格化；通过提供不以个人支付能力为条件的服务，志愿服务能够修正日益商品化的社会中的重商主义。”[③]

志愿服务体现人与人之间的互动，以及志愿者组织与外部协调，具有组织性。志愿服务是一种新型的社会动员、社会参与方式，领域宽、渠道广、影响大，有赖于信息、资源、条件和环境等诸多元素的集合，需要通过构建相互的信任、支持与合作才能实现集体目标。“志愿服务不是志愿者个体劳动的集合，而是众多志愿者为了实现同一目标而共同开展的一项集体行动。”“志愿服务必须不断建构一个开放合作的行动系统，才能确保成员共同目标的实现。”[④] 由此可见，基于志愿者行为主体能力，实现人与人、人与资源、人与规章制度等的有效配置、衔接和协调是志愿服务的显著特征。

第二节　志愿服务对高校思想政治教育的重要作用

志愿服务促进了大学生全面发展，能更好地实现高校思想政治教育的目的。思想政治教育是以促进每一个个体的自由和全面发展为旨归[⑤]。思想政治教育“是教育者与受教育者根据社会和自身发展的需要，以正确的思想、政治、道德理论为指导，在适应与促进社会发展的过程中，不断提高思想、政治、道德素质和促进全面发展的过程”[⑥]。志愿服务是在没有任何物质报酬

---

① 魏娜、刘子洋：《论志愿服务的本质》，《中国人民大学学报》2017年第6期。

② Essen J. V. “On the Meaning of Volunteering: A Study of Worldviews in Everyday Life”. Foundations of Science, 2016, 21 (2).

③ 马克·A. 缪其克、约翰·威尔逊：《志愿者》，中国人民大学出版社2013年版，第4页。

④ 魏娜、刘子洋：《论志愿服务的本质》，《中国人民大学学报》2017年第6期。

⑤ 邓若玉、邓淑华：《浅析回归生活世界的思想政治教育》，《黑龙江高教研究》2017年第9期。

⑥ 郑永廷、徐建军：《大学生思想政治教育理论与实践》，高等教育出版社2009年版，第2页。

的情况下甘愿贡献自己的时间和精力的活动，目的就是为了帮助他人和促进社会进步。“志愿服务的兴起和发展，是人类有意识地挣脱原有社会形态的桎梏、追求自身全面发展的积极表现。同时，志愿者也会作为一种变革力量，通过人们广泛参与志愿服务活动，深刻影响整个社会的文化、思想和观念，改变人的行为取向，最终造就新的社会形态。”[①] 志愿服务以人的全面发展为目标，注重自觉自愿、力所能及，体现参与者的主观能动性，是大学生喜闻乐见的实践形式。志愿服务将理论教育与社会实践相融合，志愿精神与专业学习相融合，凸显大学生专业优势。在志愿服务过程中，大学生常常会被其他志愿者和被服务对象所感染，这些多样的情感体验丰富了大学生的道德情感，将外在的道德规范积极转化为内在的道德修养，进而在潜移默化中提高大学生的道德认知水平。开展志愿服务也有助于大学生人际沟通能力、交往能力和组织协调能力的提升，在与服务对象的对话中锻炼语言表达能力，在志愿服务的项目策划中提高组织协调能力。

志愿服务能有效提高大学生社会责任感，有助于增强高校思想政治教育的效果。根据国家所制定的国民教育目标，大学生社会责任感培养属于高校思想政治教育范畴，社会责任感在思想政治教育中被视为积极的情感态度，是责任主体在无任何条件约束下自觉地对国家、集体、他人承担起应当的责任的情感体验，是现代公民应尽的职责。恩格斯指出“一个人在他握有意志的完全自由去行动时，他才能对他的这些行为负完全责任”[②]，“志愿者在志愿服务过程中不会被限制在既有的制度和规范结构中，而是在行动中主动思考、积极建构可行的合作秩序，在充分自由的基础上实现集体行动的目标，这就在最大程度上激发和鼓励了志愿者的道德自觉性、自律性和责任感”[③]。具有较高社会责任感的大学生能自觉地提升自身的人文素养。志愿服务是一项服务他人的事业，具有鲜明的社会性，在服务中突出了道德教育。正如哲学家沃尔泽所言，“对公共事务的关注和对公共事业的投入是公民美德的关键标志”，大学期间是学生成长的关键时期，也是大学生与社会融合的适应期。以志愿服务为载体，使在校大学生能有机会直接接触社会、融入社会，

---

① 魏娜、刘子洋：《论志愿服务的本质》，《中国人民大学学报》2017 年第 6 期。

② 《马克思恩格斯选集》第 4 卷，人民出版社 2012 年版，第 91 页。

③ Essen, J. V. “On the Meaning of Volunteering: A Study of Worldviews in Everyday Life”. Foundations of Science, 2016, 21 (2).

触动社会发展脉搏，了解社会对他们的期待和要求。志愿服务的过程培育了大学生美德，强化了大学生的社会认同，激发了大学生的互助意识。“奉献、友爱、互助、进步”的志愿精神蕴含着深厚的人文思想，体现着对人生存发展的关注，体现着志愿者对生命价值和人类社会的一种积极态度。大学生在服务他人、奉献社会的同时，传递爱心、传播文明，加深对社会的认识，体会助人的快乐和成就感，形成对自我价值的认知，找到实现自我的社会价值，得到了精神的提升。精神的付出与富足是大学生参与志愿服务最大的回报。志愿服务为提高思想政治教育成效提供了重要载体，志愿服务基于实践活动带动认识层面的升华，能够较为全面系统为大学生提供思考个人与他人关系的社会场景。在参与活动的过程中，将所接受的社会责任感教育落实到行动当中，大学生社会责任感的培养不再仅停留于理论灌输单一渠道，从而使思想政治教育形式更为具体、灵活、丰富和具象化。

志愿服务拓展大学生成长空间，提供了推进高校思想政治教育的平台。党的十九届五中全会要求“健全志愿服务体系，广泛开展志愿服务关爱行动”①，志愿服务坚持以关爱他人、奉献社会为重点，积极搭建扶贫救灾、环境保护、敬老救孤、文化支教、恤病助残、健身指导等形式多样的平台，大学生的社会活动空间得以空前拓宽，志愿服务在应急救援管理、规范社会行为、彰显生命价值、推进教育公平、扩大交流合作、促进身心健康方面正在发挥着不可替代的社会治理作用，思想政治教育也为志愿服务的顺利开展提供重要保障。志愿服务的实践成果充分说明，作为大学生多渠道、宽领域参与社会实践的志愿服务，具有丰富的思想政治教育价值，“志愿服务中充分实现思想政治教育的凝聚功能、激励功能、导向功能和协调功能，需要正确思想的引领，需要建立和完善激励机制，需要明确志愿服务的方向和要求，需要推进志愿服务信息化、标准化建设。”② 志愿服务在拓展自身空间的同时，为思想政治教育提供新的平台和载体，志愿服务与高校思想政治教育实现双向促进和有机融合。人是环境的产物，成长环境与活动空间对大学生人文素养培育至关重要。志愿服务作为当今我国大学生参与面最广、参与程度

① 《中共中央关于制定国民经济和社会发展第十四个五年规划和二〇三五年远景目标的建议（辅导读本）》，人民出版社 2020 年版，第 42 页。

② 梁丽、代玉启：《应急志愿服务中思想政治教育功能的实现》，《社会科学家》2020 年第 12 期。

最高的社会实践性活动，也被越来越多的国家和人民所接受和倡导，成为全世界范围内大学生的共同追求。精心设计的志愿服务项目立足校园，服务社会，让大学生走出校园，在实践中自然扩展了大学生活动的空间，延伸了大学生成长的路径。在城市，大学生深入社区为老年人、残疾人、失业人员等社会困难群体和个人提供了精神上的关爱和实在的帮助，促进形成了互助友爱、和睦融洽的城市社区人际环境。在中西部农村，大学生促进了中西部地区的经济社会发展，改善了当地的科技、文化、教育、卫生等发展状况，并在缩小东部和中西部地区的经济社会发展差距方面作出贡献。在环境保护等领域，大学生志愿者的积极行动，增强了社会公众主动参与节能减排、保护环境的意识。

第三节　以志愿服务为载体助推高校思想政治教育创新发展

充分挖掘志愿服务先进典型，为高校思想政治教育创新发展树立标杆。党的十八大报告提出："广泛开展志愿服务，推动学雷锋活动、学习宣传道德模范常态化。"志愿服务先进典型道德高尚，是时代道德的先行者。大力培养志愿服务先进典型、充分挖掘先进典型的感人事迹能为大学生人文素养培育提供宝贵的精神财富和道德标杆。应紧扣时代主题，宣传志愿文化，弘扬志愿精神，采用传统媒体和新媒体相结合的方式，利用志愿文化宣讲、志愿项目比赛、志愿成果展示等形式，对先进事迹、优秀志愿者的专题宣传片、志愿画册、志愿文集、志愿展览、主题宣讲、文化产品等阶段性成果进行转化，宣传优秀志愿者，挖掘动人的志愿故事，推广金牌志愿服务项目，发挥榜样带动、激励感召、引领吸引的典型示范作用。习近平在给华中农业大学本禹志愿服务队的回信中指出："得知你们在徐本禹同志感召下，积极加入青年志愿者队伍，走进西部，走进社区，走进农村，用知识和爱心热情服务需要帮助的困难群众，坚持高扬理想、脚踏实地、甘于奉献，在服务他人、奉献社会中收获了成长和进步，找到了青春方向和人生目标，感到十分欣慰。"① 党的十八大以来，习近平先后多次就志愿服务先进典型回信，既对

---

① 《习近平给华中农业大学"本禹志愿服务队"回信》，《人民日报》2013 年 12 月 6 日。

志愿服务给予高度赞扬，又为高校思想政治教育创新发展指明前进方向、树立精神典范。

精心设计志愿服务活动项目，为高校思想政治教育创新发展营造氛围。随着中国特色志愿服务的不断发展，新时代志愿服务领域日益拓宽，以项目为依托，以满足服务需求为导向，精准选择服务内容、科学设计服务活动，充分提升志愿服务效能，使志愿服务活动项目更加精细多样，“在项目发布前，要进行充分的调研，了解服务对象的需要，以需求为导向开展相关项目。项目发布后，要及时跟进项目，了解项目的开展情况，科学管理，保障项目的实施效果。项目结束后，要总结经验，对项目开展的相关情况和具体效果进行检查，积累经验，保证项目的高质量和高效益实施”①。志愿服务活动的项目化，是营造高校思想政治教育改革创新社会氛围的有效途径。思想政治教育氛围是指在思想政治教育过程中，为实现教育目标、达到教育目的、传授教育内容，教育者根据教育内容的需要和当时的场景所营造出的有利于发挥思想政治教育有效性的气氛和情调。这个氛围旨在调动受教育者的积极性，发挥受教育者的创造性，从而实现教育者所预期的目标。紧跟时代发展需要，精心设计志愿服务项目，有利于全社会形成关注志愿服务、弘扬志愿精神的良好氛围，让参与志愿服务逐渐成为一种校园风尚，进而成为当代大学生的生活习惯和人生态度，使高校思想政治教育收到多方期待的良好效果。

切实加强志愿服务积累传承，为高校思想政治教育创新发展提供动力。志愿服务活动作为体验式的社会实践育人，实现了思想政治教育方式由知识传授型向参与体验型转变。大学生志愿服务活动具有丰富的思想教育内涵，既是一项社会实践活动，又是一种社会化、大众化、人文化的教育方式，具有服务他人、教育自我的育人功能，需要持之以恒，长期坚守。《公民道德实施纲要》指出，公民良好道德习惯的养成是一个长期、渐进的过程，离不开严明的规章制度。志愿精神融入社会生活、让更多人参与到志愿服务中是不断推进志愿服务制度化的落脚点。习近平指出：“一种价值观要真正发挥作用，必须融入社会生活，让人们在实践中感知它、领悟它。要注意把我们

---

① 田丽娜：《论新时代中国特色志愿服务的整体性发展》，《思想教育研究》2021年第3期。

所提倡的与人们日常生活紧密联系起来，在落细、落小、落实上下功夫。”①不因事细而不察，不以善小而不为，通过制度化的组织、规范化的管理、法制化的护航，引导志愿服务活动，从量变到质变，从细流到江海，一点一滴的志愿服务能量积累起来可以释放出无形的积极向上的强大精神力量。志愿服务的历久弥新、不断传承，依靠的是志愿服务的文化魅力和精神感召，这些志愿精神的积累传承为大学生思想政治教育提供有力支撑和创新动力。“思想政治教育作为一种政治文化，从本质上讲是人的一种生存方式，与人的生产生活实践密切相关。将思想政治教育融于文化现象当中，通过文化渗透的方式，可以实现‘蓬生麻中不扶自直’‘入芝兰之室久而自芳’的教育效果。”②从而实现思想政治教育理论灌输与志愿服务文化渗透的有效融合。“理论灌输和文化渗透并不是相互脱离的两层皮，一‘显’一‘隐’恰是思想政治教育的有效组合方式。理论灌输离不开文化的滋养，在理论灌输的过程中可以有效利用文化的力量，在为人们所熟知的文化氛围中提升理论灌输的吸引力、影响力和感召力。”③

---

① 《习近平谈治国理政》，外文出版社 2014 年版，第 165 页。

② 冯刚：《增强高校思想政治教育持续发展的内生动力》，《中国高等教育》2017 年 Z2 期。

③ 冯刚：《增强高校思想政治教育持续发展的内生动力》，《中国高等教育》2017 年 Z2 期。

第八章　启示录

——高校思想政治教育的样本借鉴

第一节　华中农业大学本禹志愿服务队

一、本禹志愿服务队的缘起

本禹志愿服务队是以曾经就读于华中农业大学的中国十大杰出青年、中国十大杰出志愿者徐本禹名字命名的一支高校志愿服务团队。

2003年为兑现对山区孩子的承诺，徐本禹放弃读研，离开熙攘的城市，来到贵州穷乡僻壤的大方县猫场镇狗吊岩村岩洞小学与大水乡大石村大石小学开始为期两年的支教生活。2004年反映徐本禹贵州支教经历的天涯论坛长帖《两所乡村小学与一名支教者》一经发布就立刻引发社会舆论关注。2005年徐本禹结束支教返回华中农业大学后，华中农业大学决定，每年招募研究生志愿者，延续支教行动。同年，徐本禹成立了红杜鹃爱心社并任首任社长。爱心社致力于支教助学、帮危扶困工作，开展的项目包括资助贫困学生、乡村教师培训、援建校舍、医治患病师生、建立爱心书屋、进行社会调查、社区服务等。2006年支教活动被纳入中国青年志愿者扶贫接力计划全国项目之中。通过志愿服务积累传承的过程，实际上有力地推动了华中农业大学的大学生思想政治教育工作。十余年爱心接力、薪火相传，学生们的社会责任感和道德修养不断提升，西部支教事业也愈发壮大。每一届志愿者克服交通不便、信息闭塞、水电短缺的恶劣环境，传承徐本禹特别能吃苦、特别能奉献的精神，坚持“用一年不长的时间，干一件终生难忘的事”的理念，挑战困难，勇挑重担，把支教当成人生最光辉的事业，把自己的全部时间和精力全部凝结在学生身上。2014年5月5日，华中农业大学原创公益话剧

《牵挂》在国家大剧院上演。话剧《牵挂》以主人公张福禹义无反顾赴湖北恩施支教的感人故事为主线，展现了当代大学生用青春服务人民、报效祖国的精神风貌。话剧主人公的原型实际就是华中农业大学本禹志愿服务队的3名志愿者典型徐本禹、赵福兵和张瑜。话剧以支教为主线，用艺术的手法、激荡的故事情节展现了新时代大学生的命运抉择和价值追求。演员均是非专业的"90后"在校大学生，大学生演大学生的事，真实感人。此后，《牵挂》剧组的不少演员之后也主动投身支教，成为校园里大学生心中新的榜样和标杆。

良好的校园志愿服务氛围在华中农业大学孕育了一个广泛参与各种志愿服务的"爱心圈"，包括红杜鹃爱心社、食科一家人、阳光家园、蓝色精灵江豚保护等一大批特色志愿服务团队。拥有精品志愿服务活动"六爱工程"——爱心花朵工程、爱心夕阳工程、爱心暖阳工程、爱心甘露工程、爱心爱绿工程、爱心和风工程。爱心花朵工程侧重以关爱农民工子女为主的助幼行动，爱心夕阳工程侧重以关爱孤寡老人为主的敬老行动，爱心暖阳工程侧重以关爱残障人士为主的助残行动，爱心甘露工程侧重以帮助贫困学生为主的助学行动，爱心爱绿工程侧重以保护环境为主的环保行动，爱心和风工程侧重以帮助失足青年为主的帮教行动。这些志愿服务组织及平台，广泛联系、吸纳、引导、培育大学生，将以志愿服务活动为载体的大学生人文素养培育与华中农业大学的校训"勤读力耕、立己达人"精神紧密结合，"力耕"即努力开拓实践，"达人"则指关爱他人、回报社会。早在1996年旨在管理、协调、组织和策划青年志愿者工作的华中农业大学青年志愿者协会成立，经过20余年的持续发展，华中农业大学已有经过规范注册的在校大学生志愿者2万余人。近些年来，新生注册志愿者率达100%。此外，还有包括专家教授、留学生在内的2000多名师生员工常年参加各种志愿服务活动。通过这些志愿服务活动项目和志愿者的广泛参与，华中农业大学营造了良好氛围。

徐本禹说："我愿是一滴水，当爱的阳光照射到我身上时，我愿意毫无保留地再反射给别人。"从徐本禹个人的志愿服务到本禹志愿服务队的发展过程，从一个人的感人之举到一群人的服务活动，反映了志愿服务先进典型在广大青年学生中的深厚影响力。在潜移默化中促进了大学生良知、责任感和正确价值观的养成。正如网友评价徐本禹："他认识到了作为一根火柴的意义。他不是第一根火柴，也不会是最后一根。"在校大学生受到志愿服务文化的熏陶和感召，主动了解并参与志愿服务的人数也越来越多。大学生自觉提升自身道德修养和社会责任感，进而提升自身人文素养的现象逐渐蔚然成风。时至今日，徐本禹的事迹仍不断激励着华中农业大学的一届又一届大学生为提升自身道德修养和全面发展而努力，形成了独具华农特色的思想政治教育模式。

二、本禹志愿服务队参与乡村振兴和脱贫攻坚志愿服务

2012 年 11 月，华中农业大学本禹志愿服务队针对湖北省恩施州建始县地处集中连片特困地区——武陵山区的实际困难，着力实施“甘露工程”教育扶贫项目，以推动当地基础教育发展。他们围绕教育扶贫中乡村教师队伍建设、基础教育设施建设、精准资助体系建立、自主脱贫能力发展等方面，依托本禹志愿服务队 1200 余名志愿者，探索出了具有华农特色的“志愿服务＋教育扶贫”的有效扶贫模式。六年来，本禹志愿服务队累计捐筹资金超过 263 万元，受益教师 85 人次，受益学生 5000 余人次。《人民日报》、中央电视台、《中国青年报》、《农民日报》、《湖北日报》等媒体先后报道项目相关内容与做法。

2013 年 12 月 5 日，中共中央总书记、国家主席、中央军委主席习近平给本禹志愿服务队回信，勉励青年志愿者“与祖国同行，为人民奉献”。2014 年，在中国首届扶贫论坛上，本禹志愿服务队志愿者安玥琦代表全国青年扶贫志愿者作典型发言，“本禹志愿服务队”被国务院扶贫领导小组授予“全国社会扶贫先进集体”称号。2018 年，“甘露工程”首批入选全国青年志愿服务优秀项目库。2019 年 8 月 2 日，《人民日报》头版头条报道本禹志愿服务队在湖北省恩施州建始县脱贫攻坚一线事迹。2019 年 12 月，“阡陌行”恩施建始扶贫项目被共青团中央、中国青年志愿者协会授予中国青年志愿者优秀项目奖。

（一）总体思路

项目化推进。本禹志愿服务队瞄准当地教育需求，坚持以项目化的形式开展建始教育扶贫志愿服务，提升志愿服务水平和教育扶贫工作实效，以稳定的志愿服务队伍、清晰的工作思路和有效的工作机制，不断推进建始教育扶贫志愿服务走向深入。

专业化支撑。以提升教育扶贫志愿服务的专业性为目标，一是通过集中培训、定期汇报、规范组织章程和管理制度，保证项目服务质量和志愿者服务能力专业程度；二是充分发挥学校学科专业特色优势，为建始乡村小学生开展植物保护、园艺、食品科学等常识教育，拓展贫困地区学生知识视野，促进学生全面发展。

精准化服务。按照“细调研、抓重点”的原则，聚焦基础文化课程、第

二课堂、留守儿童心灵关怀等志愿者可为、能为、善为的扶贫“点”，坚持扶贫与扶智相结合，采取“点对点”“结对＋接力”的方式精准施策，服务当地教育发展。

系统化培养。遵循“德智体美劳”五育并举规律，通过“第二课堂”和系列主题比赛开展丰富的素质教育活动，强化德育实践、体育锻炼、美育熏陶和劳动教育，提升学生综合素质，促进学生全面发展。

网络化运营。创办网络课堂，聚集社会爱心力量，拓展素质教育平台。注重互联网宣传，及时报道服务地现状、项目进展，方便外界随时了解服务地情况，从而汇聚更多的社会资源。

（二）主要做法

实施志愿者扶贫接力计划，研究生支教团助力乡村教育发展。2013 年起，华中农业大学本禹志愿服务队共派遣 7 批 30 名研究生支教团志愿者接力到建始县官店镇摩峰中心小学支教。志愿者扎根山乡，潜心育人，不断创新教育教学方式，注重学生素质教育和全面发展，大力加强第二课堂建设，开展中华优秀传统文化和历史、国情课堂，组织学生主题演讲、朗读比赛、文艺汇演、秋季趣味运动会等丰富的校园文化活动，为建始县义务教育发展注入新活力。同时为保障师生安全，组织系列安全演练活动，开展安全教育。任教科目多次在全镇、全县取得第一的优异成绩，支教团获评团中央“镜头中最美支教团”称号。2015 年，时任中共湖北省委书记给华中农业大学建始县支教团志愿者写信，勉励他们“坚定理想信念、砥砺高尚品格，脚踏实地、扎根基层，为实现中国梦贡献自己的力量”。2017 年 1 月，中央电视台推出“身边的网络正能量”系列报道，专题报道华中农业大学志愿者在建始支教过程中的创新举措，让全国电视观众听到了建始乡村小学的声音。2018 年 10 月 5 日，中央电视台《焦点访谈》走进建始县摩峰中心小学，专题报道支教志愿者五年来落实习近平总书记给本禹志愿服务队回信精神的情况。

实施“乡村教师来汉培训”项目，提升乡村教师教书育人能力。志愿者每年募集资金举办“乡村教师来汉培训”活动，邀请乡村小学骨干教师到武汉开展为期一周的学习培训。2013 年来，已有 85 名建始县乡村小学骨干教师参加培训。本禹志愿服务队还邀请长期从事小学教育研究的专家学者和一线小学骨干教师为乡村教师授课，组织教师到武汉市多所小学进行实地考察，开阔乡村教师的视野，提高乡村教师对自我价值的认可，提升教学能力素质，以更好地服务地方教育发展。近年来，举办了两期小学校长专题培训班，基本实现建始县乡村小学全覆盖，对提升建始县乡村小学教学管理水平起到促进作用。

搭建“学校＋地方＋企业”爱心桥，汇聚社会资源精准帮扶基础教育设施改善。志愿者深入调研当地教育发展实际情况，精准提出项目菜单，通过当地政府、学校校友会等多渠道联络社会爱心企业进行项目认购，帮助山区小学改善办学条件，搭建起“校—地—企”三方协同的帮扶体系。截至目前，志愿者已为建始县官店镇摩峰中心小学募集新校舍资金 222 余万元，开展校舍改建、爱心书屋、微机室、学校饮用水窖、学校洗澡间、操场建设等项目，修建了综合楼、教学楼、宿舍楼、操场、“思源泉”微型水库等设施。武钢工程技术集团、上海乐扣、步步高集团、新华书店等企业捐赠太阳能路灯、热水器、电脑、书包、图书等爱心物资近 39 余万元。山区小学的办学条件得到相当大的改善，学生的成长成才环境得到不断的优化。

实施“留守儿童城市体验行”项目，探索建立“成长型”资助体系。本禹志愿服务队志愿者用所募集的 20 万元资金成立“水滴助学金”，用于奖励品学兼优、家庭贫困的学生。利用精准扶贫数据资料，选取成绩优异、品德端正、家境困难的学生实施“一对一”帮扶。针对家庭确实困难且学习和生活难以保障的学生，设立勤工俭学岗位，每月定期发放补助。在此基础上，探索将资助方式从“解决温饱型”转向“关注成长型”，开展“大手牵小手，笑眼看世界”留守儿童城市体验行，每年带领乡村学生体验城市现代科技生活。近几年组织 146 名乡村学生前往北京、上海、武汉、杭州多地，开阔学生视野，丰富成长体验。

实施阡陌学堂在线支教项目，搭建网络化教育扶贫平台。志愿者着力解决山村孩子知识面较窄和社会爱心人士支教受时间和空间限制的问题，借助互联网搭建“线上支教”与“线下实践”相结合的志愿服务形式，开办阡陌学堂。邀请国内外知名高校、中小学教师及社会各界爱心人士进行在线视频授课，为山区孩子拓展知识，打开一扇看到外面世界的窗。五年来，阡陌学堂围绕人文素养、自然科学、艺术鉴赏等方面累计开办超过 500 期，邀请华中农业大学傅廷栋院士、央视主持人张泉灵、感动中国人物王百姓等 80 余位社会各行业优秀代表在线授课。2015 年，本禹志愿服务队志愿者赵芸逸和摩峰小学 10 名学生受邀登上 CCTV 网络春晚舞台，大山深处的网络课堂让千万观众动容。2016 年阡陌学堂在线支教项目荣获第三届中国青年志愿服务项目大赛金奖。

实施“耕行思苑”助学计划，提升乡村学生综合素质。本禹志愿服务队实施“耕行思苑”助学计划，围绕理想信念、科学普及、文化体育等方面策划开展第二课堂活动。举办少年学思班，支教地志愿者联合学校青年研习社、在校志愿者共同开展线上线下理想信念教育、一对一学榜样活动，每期22个学时。志愿者依托学校学科专业特色与科教优势，开办“我与大山的对话”野外植物认知课堂、“我与星空的交流”天文地理科普课堂、“我与山泉水的故事”节水护水自然课堂、“我与小树一起成长”园艺实践课堂，引导学生自主探究，学习自然科学知识。孵化“耕行艺苑”志愿服务项目，举办艺术下乡专场演出，在当地开办小学生艺术夏令营，开设艺术普及微课堂，志愿者每周通过在线课堂远程系统性教授音乐、美术、舞蹈等艺术课程，为建始乡村小学生提供了丰富的艺术学习素材，拓展了艺术知识，提高了审美能力。

（三）时代价值

探索建立了“校—地—企”三方联动实施项目的机制，有效解决社会资金与地方教育需求无法精准对接的问题，具有较好的示范性。项目志愿者结合项目地实际需求，经过前期调研，制定项目菜单，向意向企业递送，有助于企业结合自身经营方向、资助意愿等因素选取实施项目，并提供相应技术、设备、经费支持。项目志愿者依据项目方案具体负责筹备、实施并及时反馈，最后，由企业进行评估审核并交付项目所在学校、班级、学生群体。企业公益形象及社会价值得以提升，项目志愿者参与项目实施全过程，有助于项目持续开展，项目服务对象实际困难得以解决，从而形成“校—地—企”三方联动、三方共赢的项目机制，具有较为突出的示范性。

探索将资助方式从“解决温饱型”转向“关注成长型”，适应时代发展，关注山区孩子心灵成长，提升了精准帮扶的深入性。华中农业大学每年向恩施山区选派研究生支教团志愿者开展为期一年的支教工作。项目依托学校研究生支教团志愿者，一方面，对项目资助的困难学生的家庭经济状况、个人学习生活情况可做到动态跟踪、持续关注，保证资助款项精准帮扶使用；另一方面，对项目资助金提供方可做到资金使用去向明晰、资金发挥效用持续，项目具有极强可持续性。项目开展的“留守儿童城市体验行”“蛋糕邦”“留守儿童关爱帮扶制度”等活动，更加聚焦贫困对象的成长体验和精神收获，是在物质帮扶基础上新的探索。

整合资源，充分发挥高校科教优势，抓住乡村小学教师能力素质提升这一关键，具有良好的可持续性。项目有效整合校内外农业科教优势、武汉市优质基础教育资源、爱心企业资金扶持，为乡村教师队伍能力提升提供优质的学习供给侧内容。该项目已持续进行十余年，并在新形势下实现新的发展，培训对象更加聚焦，培训内容更有针对性。

借力“互联网＋”，建设在线课堂，线上与线下高效、高质量联动协作，具有较强的可推广性。在项目所在地建立计算机网络活动室基础上，依托校内专家人才资源、志愿者人力资源，通过网络连接，将乡村学生、教师与外界互联互通，促进外界新事物、新理念传递至乡村，极大地改善教育资源分布不均，提升乡村教育质量。阡陌学堂项目目前在多个省份多所学校开展，具有较强的可推广性。

三、本禹志愿服务队抗击新冠肺炎疫情志愿服务

（一）总体思路

2020 年 2 月，新冠肺炎疫情肆虐蔓延，华中农业大学本禹志愿服务队坚决贯彻落实党中央关于疫情防控工作的决策部署和教育部党组工作要求，号召全校青年大学生坚持“与祖国同行，为人民奉献”，组建起由大学生组成的同心抗疫志愿者队伍，从线上到线下，从社区到田间，开展多种形式疫情防控志愿服务，为夺取抗击新冠肺炎疫情斗争的胜利贡献青春力量。

（二）主要做法

线上线下同步，服务社区居民防疫。华中农业大学将志愿服务作为疫情期间大学生思想政治教育的重要载体，向青年大学生发出了向家乡所在社区（村）报到的号召，885 名返乡大学生积极响应，第一时间加入全国各地抗击疫情的“逆行者”队伍。在做好自我防护的前提下，大学生志愿者们以多种方式参与到社区防控工作中去，从事信息登记、消杀保洁、巡逻执勤等志愿服务工作，努力协助家乡打好疫情防控阻击战。与此同时，面对疫情期间社区居民对食品安全与健康知识的需求，华中农业大学本禹志愿服务队发起“同心战疫”线上科普志愿服务。采取“骨干＋专业”组合模式，组建了多学科背景的科普宣传青年志愿者队伍，结合学校特色学科知识，在专业老师的指导下精心录制了 60 余个涵盖食品安全知识、健康生活百科、居家手工制作等类型丰富的短视频，持续推送给 16 个社区 9000 余名居民，倡导居民们用文明健康的生活方式科学抗击疫情。

精心设置课程，帮扶抗疫人员子女。华中农业大学招募选拔 914 名青年志愿者，开展“与抗疫一线人员家庭子女线上手拉手专项志愿服务”，通过

QQ、微信等网络平台，义务为湖北省内9个市州213名抗疫一线人员家庭的子女，开展线上一对一作业辅导、读书交流、心理疏导等志愿服务。华中农业大学志愿者服务抗疫一线医务人员、社区工作者、公安干警等抗疫人员子女的志愿服务时长近4000小时，开展五批家长回访的326条线上辅导反馈意见中，对学校志愿者满意度为100%。与此同时，华中农业大学组建由100余名青年教师、研究生和本科生组成的线上小课堂视频工作组，根据学校学科特色，依托专业知识为抗疫一线人员子女录制了涵盖自然科学知识、中国传统文化、艺术鉴赏等内容丰富的系列短视频。线上小课堂讲解生动活泼，寓教于乐、寓学于乐，一经推送便受到广大一线战“疫”工作人员子女的好评。

发挥专业优势，就地支援春耕生产。2020年2月19日，华中农业大学向全体师生校友发出倡议，号召滞留在家乡的师生校友主动亮明身份，就近支援当地的春耕生产。800余名师生响应倡议，“在一线学习、为基层服务”。大学生志愿者用实际行动践行“以强农兴农为己任”的使命担当，将田间地头作为“实践课堂”，走入柑橘产业园，深入猕猴桃生态园，走进生猪养殖场，登上旋耕播种机，充当技术员，担任饲养员，化身驾驶员，为全国各地的农户提供种养技术指导、疑难杂症解答、果实作物产销等服务，运用所学农科知识在多个领域助力春耕生产。大学生志愿者通过参与全国各地春耕生产，把理论知识和专业实践结合在祖国大地上，上了一次了解国情、服务社会、培养知农爱农情怀的育人大课、实践大课。

搭建空中课堂，助力学生复课复学。为解决疫情期间支教地小学生学习问题，学校研究生支教团利用网络面向贵州毕节、湖北建始的四所山村小学开展“空中支教”助学行动。依据贵州省、湖北省的教学要求，运用多种方法确保学生学习质量，亲身“陪课”整理学习笔记，开设语文、英语直播课或答疑课，以图片、视频、录音等多种形式检查学生练习、听写、背诵作业，不遗余力最大限度减少疫情对教育教学的影响。自线上开学以来，16名研究生支教团志愿者坚持54天“陪课”152堂，开设直播答疑课67次共82小时，主讲语文、数学、英语、安全教育等4门科目100余次直播教学课共67小时，累计覆盖贵州、湖北770名山村小学生。同时，在校内的322名寒假留校学生组成志愿服务队，帮助返乡同学照看科研材料、传送复习资料、邮寄笔记本电脑与教材，积极为返家大学生学习科研解决难题。

（三）时代价值

弘扬志愿精神，唱响青春主旋律。华中农业大学积极宣传大学生志愿者在抗击疫情过程中涌现的生动故事和先进事迹，连续推出多期《华农青年战“疫”故事》，组织开展了“青春的脚步与祖国同行——抗疫志愿者系列线上交流会”，邀请抗疫志愿者代表分享志愿服务经历与体会。在青年大学生中积极弘扬志愿精神，引导大学生投身志愿服务的行列，在志愿服务中实现青春价值。

激发爱国热情，体现责任担当。大学生志愿者积极投身抗疫志愿服务，展现出敢担当有作为的新时代青年风貌。新冠肺炎疫情期间，学校举行“疫情中的青春思考”“共抗疫情、爱国力行”等主题教育活动，组织大学生认真学习贯彻习近平总书记关于疫情防控的重要指示和讲话精神，引导大学生在疫情中学习、思考、成长，坚定理想信念、热爱伟大祖国、勇担时代责任，为中华复兴而读书，在培养德智体美劳全面发展的社会主义建设者和接班人方面发挥了积极作用。

传播抗疫正能量，参与社会战疫情。本禹志愿服务队同心抗疫行动大学生志愿者队伍组成后，根据抗疫的具体情况，有的志愿者服务家乡社区（村），有的志愿者服务抗疫一线人员家庭子女，有的志愿者开展线上科普，有的志愿者参与社区保供。志愿者们活跃在农村、社区、网络，用实际行动践行新时代青年的使命与担当，汇聚起强大正能量。新华社、人民网、光明网、新华每日电讯、《湖北日报》、《长江日报》等媒体先后报道“本禹志愿服务队”大学生抗疫故事和生动事迹。教育部高校思想政治工作简报、共青团中央中国青年志愿者官微等先后刊登华中农业大学本禹志愿服务队参与疫情防控相关工作情况，获得社会一致好评。

四、本禹志愿服务队参与第七届世界军人运动会志愿服务

按照第七届世界军人运动会（以下简称“军运会”）筹办工作要求，本禹志愿服务队选派骨干志愿者组成“小水杉”团队服务军运会，顺利完成各项志愿服务工作任务。

（一）注重统筹谋划，扎实推进招募培训

2018年4月起，本禹志愿服务队积极配合军运会执委会，高质量完成志愿者招募选拔、培训注册和人岗匹配等一系列前期工作。经广泛动员、精心选拔，确定260名服务军运会志愿者名单，148名志愿者赴军运村，担任住宿公寓楼志愿者、信息技术服务中心志愿者、志愿者之家解说员等工作；112名志愿者赴交通运行中心，承担翻译咨询助理、运动员分调中心随车助理等工作。

其中，130名住宿公寓楼志愿者分布于军运村梅、兰、竹、菊4个住宿

苑区23座楼栋，为来自109个国家的9300余名运动员提供信息咨询、人员引导等志愿服务；12名信息技术服务中心志愿者负责在军运村开展全天候楼栋电子屏巡检、信息报送等工作；6名解说员在志愿者之家，为来访嘉宾和运动员提供讲解服务；100名运动员分调中心随车助理随车往返于军运村与各竞赛场馆间，为运动员进行信息咨询、交通引导服务；12名翻译咨询助理在军运村3号停车场运动员安检口咨询台、为运动员进行交通指引。

华中农业大学高度重视志愿者培训工作，按照“人人参训、人人考核、人人过关”的培训目标，在积极组织全体志愿者完成线上线下通用培训、岗位培训等各类培训“规定动作”的基础上，主动谋划，系统制定了志愿者培训方案的“自选动作”，建立了全过程、多维度、高质量的培训体系。经过为期半年的系统培训后，统一组织安排培训考核，对培训效果进行准确评估，既有理论知识测试，也有实操演练测评，确保让每一名志愿者熟悉岗位职责、工作流程，明确掌握志愿服务所需的知识和技能，打造一支专业化、体系化的军运志愿者队伍。

（二）完善组织体系，切实提供全面保障

华中农业大学高度重视军运会志愿者保障工作，及时召开工作部署会，向各学院下发通知，在学生课程请销假、出入宿舍楼栋等各方面给予政策支持，军运会期间，学校协调专门房间为志愿者提供热水保障，确保志愿者所在宿舍不断电、不断网，为志愿者专心开展军运会志愿服务工作提供良好的学业保障和后勤保障，解决了同学们的后顾之忧。多项暖心之举的保障工作受到志愿者们欢迎。在军运会志愿服务期间，学校为每天过生日的志愿者举办简单温馨的庆祝活动，组织举办集体生日会，增强对志愿者的人文关怀。

学校领导专程前往军运村看望“小水杉”团队志愿者，详细了解了志愿者在工作生活、后勤保障等方面的情况，代表学校送上诚挚的问候，鼓励志愿者将军运会志愿服务坚持到底，为军运会贡献力量。此外，学校成立了军运会工作专班，建立了“大队长、中队长、小队长”三级组织体系和信息反馈体系，由校团委书记担任军运村志愿者队伍大队长，团委带队老师担任中队长，骨干志愿者担任小队长，他们全程参与军运会志愿服务工作，密切关注每一名志愿者的工作状态和心理状态，及时回应志愿者诉求，第一时间排忧解难，为志愿者提供全方位保障。

（三）强化奉献意识，提高志愿服务质量

华中农业大学集中举行志愿者誓师动员大会，重温习近平给本禹志愿服务队回信精神，引导志愿者牢记习近平总书记“与祖国同行，为人民奉献”的殷殷嘱托，强化志愿者奉献意识。学校专门邀请毕业于解放军艺术学院、曾在部队文工团工作的老师，针对性指导志愿者形体礼仪，给志愿服务加入更多“军人味道”，邀请军运村公寓楼合作方——保利物业负责人，围绕公寓楼志愿服务行为规范、突发事件应急处理等内容进行实操训练和强化演练。

在军运会志愿服务过程中，团委带队老师将素质拓展活动、团队建设活动等青年学生喜闻乐见的活动形式充分融入志愿服务全过程，每日开展志愿团队晨训、进行岗位服务工作督导、举办军运故事分享会，交流服务心得与收获，及时总结工作经验，精益求精做好岗位服务，着力增强志愿者团队凝聚力和向心力。

（四）做好宣传报道，营造良好氛围

华中农业大学把军运会志愿者工作与志愿者典型评选、暑期社会实践等工作结合起来，2019 年暑期社会实践中，学校组织多支实践团队，围绕军运会志愿服务，深入有关社区开展社会实践，营造迎军运良好氛围。学校交通志愿者、军运会志愿者直通卡获得者刘禹林受邀参加武汉团市委“志愿者迎军运”主题视频拍摄，军运村志愿者李纵擎参加武汉市文明办、市民政局主办的“迎军运，百万志愿者展风采”活动，作为武汉高校志愿者代表展示了军运会志愿者风采，带动更多同学关注军运、点赞军运、参与军运。

军运会期间，学校在军运村举办了华农“小水杉”传统文化系军运、植物 DIY 军运文创产品等多场特色主题活动，《光明日报》《中国青年报》、央广网、中国青年网、澎湃新闻等媒体多次报道本禹志愿服务队军运会志愿者服务的有关情况。学校军运会志愿者工作得到军运会执委会各级领导和参赛运动员的肯定，多次获得军运村人事与志愿者中心“流动红旗高校”称号，生动诠释了华中农业大学青年学子的青春担当。在湖北省军运会表彰大会上，华中农业大学本禹志愿服务队“小水杉”服务团队有人荣获表彰。学校还及时举行军运志愿服务照片展、军运志愿者表彰奖励等活动，做好军运志愿成果推广转化。

第二节　香港科技大学全人教育

“他山之石，可以攻玉。”自创校起坚持以全人教育理念为指导的香港科技大学（The Hong Kong University of Science and Technology），在建校 20 余年里，迅速发展成为世界一流大学。在高等教育研究机构 Quacquarelli

Symonds（QS）编制的《QS亚洲大学排名》上，连续三年位列亚洲第一。法国人力资源顾问公司Emerging和德国就业顾问公司Trendence通过调查世界5000家公司而排出的全球大学就业能力中，香港科技大学名列全球第18位、亚洲第2位。香港科技大学EMBA课程项目连续5年位列《金融时报》EMBA全球排名第一。学习借鉴香港科技大学全人教育的经验，可以为内地大学生人文素养培育提供新的视角和有益借鉴。

学习借鉴中西方先进办学理念的香港科技大学，创校二十余载迅速崛起为世界知名学府，成为全球高等教育史上的传奇。香港科技大学在办学理念上以全人教育为指导，致力于培养具有人文素养和过硬专业知识的领袖人才。正如现任校长陈繁昌在《训练全人打造领袖人才》中所提出的："只有推行全人教育才能训练全才，应付瞬息万变的社会要求。"全人可以形象理解为大写的英文字母"T"，下面一竖代表专业知识，上面一横指对各领域知识的广泛学习和融会贯通。笔者曾在香港科技大学攻读硕士研究生学位，对于香港高等教育和香港社会大环境有着直接感受，对于香港科技大学全人教育更有着切身的体会。香港科技大学全人教育的做法和特点发人深省。

一、什么是全人教育

全人教育兴起于20世纪80年代的美国，美国学者隆·米勒（Ron Miller）是正式提出全人教育（holistic education）概念的第一人，他创办了全人教育出版社（Holistic Education Press）并发行了《全人教育评论》（*Holistic Education Review*），从历史和制度文化的角度检视美国全人教育的发展脉络，揭示教育应回归人的本质，重新找回教育的灵魂。1990年80名支持全人教育的学者在芝加哥签署文件《教育2000：全人教育观点》（Education 2000：A Holistic Perspective），提出了全人教育的十大原则。自此全人教育逐渐由美国的一种教育思潮发展为影响全球的教育改革指导思想。在全人教育发源地的美国，这一理念与各州的教育改革实践合流，在基础教育阶段得以普遍实践，对诸多文理学院的学生培养也影响深远。我国高等教育也吸纳借鉴了全人教育这一具有前瞻性的教育思想，传播到我国的全人教育思想，对港澳台地区高等教育产生了巨大影响。港澳台地区全人教育把我国传统教育观念与全人教育理念相互融合，逐渐开创了一种以培养完全的人为宗旨的现代大学教育模式。

全人教育是在大学人文精神逐渐缺失以及大学教育日益功利主义倾向的

背景下提出的，在现代教育过度强调专业技术导致科学与人文分离，技术与价值分离的情况下，全人教育一改教育以做事为目的导向，倡导以育人为本，强调以开发人的理智、情感、身心、美感、创造力和精神潜能为教育目的。全人教育不仅仅在于专业成才，更在于精神成人。注重的是价值理性而不是工具理性，关注的是人与自然的和谐。人处于全人教育的核心地位，强调人的整体发展。主张在健全人格的基础上，促进学生的全面发展，培养学生的人文精神，让个体潜能得到自由、全面、充分、可持续的发展。全人教育将所有学生都视为有潜力发展成为全人的个体，主张通过对学生这一充满无限发展潜能的有机体进行充分挖掘，提高学生的综合素质。全人教育是用人文教育的方法，达到全人发展的目标。

二、香港科技大学全人教育特点及做法

香港科技大学教育理念强调开放性，重视国际化项目建设。不断优化课程设置，推出有利于学生全面发展的国际化合作项目。香港科技大学的非香港生源占整体学生人数比例超过 18%。本科生以学院招生而不是按学科招生，学生进校后可以按兴趣选择主修课目。本科生毕业要求的 120 个学分中有四分之一学分必须是来自通识的核心课程，主要包括人文科学、科学与科技、社会分析、数量推理、中文和英文。鼓励学生关注文化、艺术、音乐、语言、沟通技巧和体育。香港科技大学 99%的课程以英文教授，授课教师全部拥有博士学位且来自世界一流学府，每门课程的阅读量较大，课上提供学生参与讨论的机会较多。通过讨论课（seminar）或课上讲演（presentation）环节，学生有多次机会锻炼口才和答辩技巧。香港科技大学鼓励学生进行跨学科知识的学习，强调跨学科的互动和知识的整合，通过设立新的跨学科学院（Interdisciplinary Programs Office）统筹跨学科学习的规划和发展，把内在联系的学科有机整合，使学生通过跨学科学习，开拓新知识的学习和研究问题视野。香港科技大学本科生的海外交流比例高达 50%，近年来，与美国的南加州大学和意大利的博科尼大学合作，在全球首创横跨欧美亚三大洲的全球工商管理学士学位等国际化项目更进一步促使学生国际化视野的开拓和全球公民意识的提升。香港科技大学的国际声誉也与日俱增，在短时间内获得国际上的普遍认同。

香港科技大学育人体系突出整体性，构建立体化的学生教育管理与服务。通过着力强化行政人员的服务意识和学生的主体参与意识，促进了学校

行政系统的高效运转。学生事务处（Student Affairs Office）在教育目的、导向、学生参与等方面都强调全人教育的落实，从重视学生发展培训、主动提升学生发展潜力、鼓励学生主动参与合作等多方面入手，合理设置负责学生活动、体育运动设施、学生辅导以及就业服务的工作部门。学生事务处坚持以人为本，努力提高学生自主、自立、自我教育、自我管理意识，鼓励和支持学生在大学期间的学业进步和自身全面发展的要求，尽力提供覆盖学生全方位生活的个性化项目。通过贴近学生生活实际的活动项目设计，吸引学生广泛参与。隶属于学生事务处的就业服务中心（Career Center）开展一系列活动，从就业教育课程的设计到提供学生就业的参考数据，从举办学生就业实习计划到制定雇主招聘活动，从举办各种学生就业的专题讲座到学生应聘面试技巧咨询，都紧紧围绕为学生服务、做学生朋辈的主线，帮助学生拓宽就业空间，增强竞争实力，提高就业能力，促使毕业生就业单位对学校全人教育模式的认同。香港科技大学的全人教育特别重视对学生的服务辅导，学生成长得到了学生心理辅导中心、就业服务中心等多个部门的长期支持，心理辅导、就业指导并不局限于简单解决问题，而是着眼于对学生潜力挖掘的长期跟踪关注。学生事务处提供专业心理辅导服务，也致力于推广预防及教育性的身心健康活动。对于新生的大学生适应性教育尤为重视，加上学校将计算机信息技术充分运用于服务辅导当中，新生足不出户就可以通过校园网络方便预约服务辅导或一对一咨询。香港科技大学校园设施注重复合性，以学生的实际需要和使用感受为出发点来规划布局。全校每一栋建筑均有高速的无线网络覆盖，为学生自主学习提供方便，为学校各类型设施运行提供保障。健身房、室内外游泳池、琴房等文体设施均对学生免费开放。香港科技大学宿舍全部由学生进行自主管理，学校聘请教授、副教授担任舍监，引导组织楼栋内学生的自我管理与集体活动。香港科技大学最好的建筑是学生宿舍楼，宿舍楼均处于校园的黄金位置，面朝大海、采光良好，从宿舍楼走出步行可达海边。宿舍楼实行男女混住，同一楼栋内男女生分住楼栋两侧或不同楼层。宿舍刷电子房卡进入，保障了学生的安全。每层都设有宽敞的公共活动区（Common Room），内有公共冰箱、微波炉、饮水机、电视等设施，每栋宿舍楼均有公共洗衣房，内置的烘干机、电熨斗、洗衣机等一应俱全，方便学生娱乐、生活。宿舍生活成为大学期间丰富多彩的人生体验，让学生在集体环境中提升素养，舍监定期组织活动，让学生和社会成功人士以及校友见面畅谈和共进晚餐，给学生提供深入了解社会和接触社会精英人士的机会。

香港科技大学校园文化呈现多元性，注重营造包容创新的文化氛围。香港科技大学的全人教育将中华优秀传统文化与西方当代先进文化紧密结合起来，强调让学生主动发展，根据每个学生不同的能力潜质，尊重他们的个性，满足他们的发展需求，给予每个学生发展的机会，帮助学生将内在潜能激发出来，发挥大学生在认识自我、改造自我和发展自我中的自主性。随着社会经济发展、科技进步，香港科技大学的全人教育及时回应了时代新问题。香港科技大学的“卓贤行”（卓尔不群、贤德汇聚、知行合一）特色活动，通过社会导师的指导，培养学生对于社会的了解。除了学习之外，香港科技大学还注重培养学生待人处世的态度，帮助学生建构知识、能力和方法，掌握解决实际问题的能力。由中国教育中传统的“以教师为中心，以教材为中心，以课堂为中心”，转向“以学生为中心，以活动为中心，以实践为中心”。香港科技大学通过“侍学行”社会服务计划鼓励学生投身公益事业，通过“红鸟计划”鼓励学生在导师和教授引导下制订个人发展计划，逐步实现个人理想。邀请世界级艺术家进校园，演奏家和作曲家在校园内公开排练、现场创作，为学生提供近距离接触艺术创作过程和亲身体验艺术的机会，进而培育学生的创意。

相比内地高校而言，香港科技大学的学生管理呈现松散化的趋势，这与香港高校普遍重服务轻管理的倾向是分不开的。由于独立自治的大学学生会并未受到学生事务处的严格管理，以学生会为代表的学生组织的活动内容、经费使用、成员结构等没有合理约束，因而在实践中容易形成监管的空白地带。对于这一点，应当客观看待。

三、香港科技大学全人教育对大学生人文素养培育的启示

马克思认为“人以一种全面的方式，也就是说，作为一个完整的人，占有自己全面的本质”[①]。马克思主义人的全面发展理论要求把人当作主体，使人在世界当中确立自己的主体地位，以达到自由生存、自主活动和自我实现。全人教育强调把人的全面发展作为教育的终极目标，这与马克思主义人的全面发展理论意蕴相通。大学生人文素养培育与全人教育实质上是殊途同归，最终目的是实现人的全面发展。香港科技大学全人教育有针对性地回应了现代教育偏重知识技术传授、缺乏人文关怀、价值观错位、迷失生命意义

① 马克思：《1844年经济学哲学手稿》，人民出版社2000年版，第85页。

等问题，使大学生不仅学到文化知识，人文素养也能得到提升，在社会上真正体现人的价值。对于个人潜能挖掘，形成良知、责任感和正确的价值观起到有力的支持作用。对于内地大学生人文素养培育具有重要借鉴意义。

国际化教育理念是大学生人文素养培育的灵魂。理念是育人的灵魂，开放是大学的方向。香港科技大学原学术副校长孔宪铎认为，任何一所好的大学，一定要着眼世界，才能学无止境、学无国界，才能和世界一流大学相竞争，从而达到在世界平台上与他们平起平坐。只有着眼世界，才不会变成井底之蛙[①]。在经济全球化的今天，故步自封就会迅速落后。香港科技大学围绕国际化办学理念制定了一系列的发展战略来指导育人实践[②]。

内地大学的教育理念是一个不断改革和适应的发展过程，既有儒家传统的教育思想，又有对苏联教育方法的模仿，伴随着改革开放以来的高等教育改革，又开始借鉴西方先进的教育理念。正如邓小平指出“教育要面向世界”，大学生人文素养也要面向世界，以开放促改革、促发展，牢固树立开放包容的教育理念。人文素养是当代大学生应当具备的最基础的素质，但人文素养不是与生俱来的，大学生人文素养的培育也不可能一蹴而就，而是人文知识的逐步积累与内化的结果。大学生处于人生成长的关键阶段，开展大学生人文素养培育的一个重要目标就是用正确的价值导向来培养大学生良知、责任感和价值观，因此开展大学生人文素养培育应该以社会主义核心价值观为引领，大胆借鉴香港科技大学国际化教育理念的成功经验，帮助学生在接受人文教育同时思考人的核心价值，迈上全面发展的成人之路。开展多种形式的国际交流和合作项目，规范有序地引进国外优质教育资源。积极与国外同类型高校联系，为学生提供更多对外交流学习的机会。促进文化交流，开拓学生的国际视野，提升学生的国际竞争力。在公共课程体系中传播国际最前沿的科学文化知识和人文知识，要求学生了解当下的国际背景，紧跟世界前沿动态和趋势，推动大学生人文素养培育。

多元的文化融合是大学生人文素养培育的支撑。“道不可坐论，德不能空谈。”人文素养培育需要丰富的人文知识内容的支持。香港科技大学将中国传统文化、西方先进教育文化以及香港现代市场经济文化的精华结合起来，实现了多元文化充分碰撞融合。结合传统与现代，融会中国与西方，有

---

① 孔宪铎：《我的科大十年》，北京大学出版社 2006 年版，第 13 页。

② 朱艳：《香港科技大学的国际化办学理念及启示》，《现代教育管理》2012 年第 5 期。

效支撑了学生的全面发展。香港科技大学学生通晓“两文三语”（中文、英文和粤语、普通话、英语），增强了对不同文化兼容并蓄的能力。

人文素养较高的学生不仅要对全球性的文化、文明成果有所了解，更应该对本国的传统文化有深入的学习。其中传统经典的阅读等人文知识的吸收必不可少。传统文化一向重视个人修养，“自天子以至于庶人，壹是皆以修身为本”（《礼记·大学》）反映了中国古人重视修身的传统。修身是人的主动完善，是一种自觉的道德要求，这正是大学生人文素养提升所需的内在动力。当前不少大学生盲目追求西方流行文化，却对其中的内涵不甚了解，只是一味盲目追逐。沉下心来阅读传统典籍的为数甚少，从而造成一些学生对中华传统文化和祖国历史文化知之甚少。中华民族在悠久的历史进程中创造了博大精深的中华文化，为人类文明进步做出了不可磨灭的贡献。传统文化中凝聚着中华民族自强不息的精神追求和历久弥新的精神财富，是大学生人文素养培育取之不尽用之不竭的思想宝库。香港科技大学的全人教育正是吸收西方教育先进思想和汲取中华传统文化养分的产物，中华传统文化中自强不息、仁爱精神、礼仪之道等精神为大学生人文素养培育提供强大的精神支柱，有利于大学生增强对国家民族的认同感和自豪感，有利于大学生树立远大的人生理想，形成积极进取的精神品质。

复合型校园设施是大学生人文素养培育的保障。马克思认为“人创造环境，环境也创造人”。高校校园设施除了营造美感外，还可以有效发挥育人功能。硬件设施要上一个台阶，与社会发展相匹配，香港科技大学校园设施既具有现代功能又具有人文气息，让身在其中的大学生能深切地感受到文化的熏陶。

当今高校中，学生在校园内共同生活、学习、交流。理想的校园环境有利于陶冶人的情操，净化人的心灵。高校校园建筑要充分利用自然条件，反映当地特色，就地取材，不拘一格，使高校的建设设施与当地的自然景色融为一体，体现出人、建筑和环境的协调统一。不能把钱用于建设楼堂馆所和形象工程，也不能让校园设施千校一面。人文素养培养是一个全方位的教育，承载教育功能的地点不能仅限于课堂，人性化的校园环境、复合型的校园设施作为学生成长的必要平台，也能对学生行为养成、价值取向、思想认同等多方面产生潜移默化的影响。学生生活区是教育场所的一部分，但内地高校学生宿舍区的建设，在某种程度上还停留在只重硬件轻视软件的误区中，管理上以纪律和安全的考虑为主，较少关注学生的其他需求。甚至有相当一部分高校的硬件状况与大学生丰富生活的发展极不协调，只能满足学生最低程度的生存需要。大学阶段是人一生中思想最活跃的时期之一，学生宿舍区作为学生的“第二课堂”载体，是大学生进行课余学习、思想交流、生活体验和情感互动的重要场所。大学生在宿舍待的时间较长，高校学生宿舍区应逐渐加入相应的复合功能设施，朝着学生生活社区的方向发展，从而满足大学生在课堂外的住宿、学习、娱乐等活动的需要。学生宿舍区也可以“寓教于住”，举行小型讲座、小组讨论。通过复合型校园设施的营造，在润物细无声中间接达到人文素养培育的效果。

和谐的育人氛围是大学生人文素养培育的关键。人文精神是现代大学的精髓，大学作为培养人文素养的场所，其特有的校风、校训实际就是一种人文精神的体现。香港科技大学服务学生，并不是包办，而是引导学生培养独立自主能力。包括校长在内的学校领导和专家教授居住在校园内，同吃一个食堂，常和学生一起运动、娱乐，师生之间的关系十分和谐。香港科技大学的全人教育是一个综合的整体性做法，而不是指向大学教育某一方面，全校的育人工作形成了和谐的统一体。

香港科技大学的实践证明，营造浓厚的校园育人氛围至关重要。人文素养的培育来源于教化，教师的价值取向、精神风貌和气质修养等言行在潜移默化中给学生产生深远影响。不能把教育过程简单看作是知识的单向传播，忽略学生的积极性和创造性。全人教育需要所有教职工的全员参与才能达成目标，可以通过新进教职工培训、学生工作研讨坊等多种形式鼓励教师渗透人文素养培育于教学活动和学生工作中①。包括行政、教学、后勤等部门在内的管理人员都应具有一定的人文底蕴，把人文关怀渗透到学校教育教学管理服务的各个环节中去。教育者首先要将学生视为一个主体性的人，一个有智慧和情感的人，也就是说要把学生培养成有知识、教养和智慧的人。人文素养培育是一项系统工程，仅靠高校单方面的力量无法完成，要树立“大人文”的观念，调动多种手段和因素，依靠高校、家庭、社会多方面的密切配合，形成一个相互作用、不断协调、目标一致的立体化人文素养培育体系。将大学的学生家长、报考考生、毕业校友等都视作学校人文素养培育工作的推广对象，借助学校的学术活动、媒体宣传、家校联合会、校友活动、毕业典礼来分享人文素养培育理念，营造出人人都是人文素养

① 郭威：《基于全人教育的视角论学校思想道德教育的“全人模式”》，《教育评论》2015 年第 1 期。

培育之人、事事都是人文素养培育之事、处处都是人文素养培育之地的良好育人氛围。

第三节　华中农业大学红微工作室

党的十八大以来，中央高度重视青年社会主义价值观教育。习近平指出："青年时期是培养和训练科学思维方法和思维能力的关键时期。"[①] "青年的价值取向决定了未来整个社会的价值取向，而青年又处在价值观形成和确立的时期，抓好这一时期的价值观养成十分重要。这就像穿衣服扣扣子一样，如果第一粒扣子扣错了，剩余的扣子都会扣错。人生的扣子从一开始就要扣好。"[②] 2016 年 12 月，习近平在全国高校思想政治工作会议上强调，要运用新媒体新技术使工作活起来，推动思想政治工作传统优势同信息技术高度融合，增强时代感和吸引力。坚持不懈培育和弘扬社会主义核心价值观，引导广大师生做社会主义核心价值观的坚定信仰者、积极传播者、模范践行者[③]。随着信息科技迅猛发展，网络日益成为青年获取信息主渠道和思想集散地，高校已经迈入新媒体时代。在此背景下，深入研究新媒体时代如何利用微路径推进青年社会主义核心价值观教育，具有极其重要的理论价值和实践意义。

一、把握新媒体时代青年社会主义核心价值观教育的新要求

辩证唯物主义认为，人创造环境，同样环境也塑造人。新媒体作为大学教育的"第三课堂"，对青年产生着广泛而深刻的影响，为青年社会主义核心价值观教育提供了时代机遇，注入了实践动力，只有不断认识互联网时代青年上网用网的新趋势和高校思想政治工作的新特点，才能准确把握新媒体时代青年社会主义核心价值教育的新要求。

从知识信息获取的方式转变中把握新要求。青年既是上网用网的主力军，又是网络生态的塑造者。青年作为最富青春活力的群体，是网民中最大的群体，青年网民已占到网民总数的八成以上，青年获取资讯的九成来自网

---

① 《习近平在中国政法大学考察时强调　立德树人德法兼修抓好法治人才培养　励志勤学刻苦磨炼促进青年成长进步》，《人民日报》2017 年 5 月 4 日。

② 习近平：《在北京大学师生座谈会上的讲话》，《中国高等教育》2014 年第 10 期。

③ 习近平：《把思想政治工作贯穿教育教学全过程　开创我国高等教育事业发展新局面》，《人民日报》2016 年 12 月 9 日。

络，网络普及率、相关网络应用的使用率等指标均高于网民总体水平，青年伴随着互联网而成长，使用新媒体最为广泛、最为活跃，也深刻影响和塑造着网络社会，微博、微信、QQ 等各种形态的新媒体高度融入青年学习生活，在不知不觉中逐渐改变着他们的学习生活习惯。只有充分适应网络新媒体迅猛发展并深刻影响青年的现实，大力加强网络新媒体引导工作，才能做好做实青年社会主义核心价值观教育。

从意识形态较量的阵地变迁中把握新要求。随着新媒体广泛运用和迅猛发展，新媒体已经成为意识形态斗争的前沿阵地，是各种思想交流交融交锋的汇集地。青年身处政治多极化、经济全球化、文化多样化、社会信息化的新媒体时代，多元价值的不可通约性和内在张力是现代社会的必然，个人价值选择的自主性和社会价值的多样性已成为当代青年价值观念变化的一个显著特点。然而新媒体虚拟空间的交流不可能像现实思想引领工作一样，继续使用传统手段，传统教育的一元主导和教师主体的理念正在受到新媒体多元环境的强烈冲击。新媒体宣传思想阵地，高校思想政治工作不去主动占领，各种错误思潮就会去占领。应当说，加强高校新媒体内容、阵地、队伍等各方面建设，是一项事关高校社会主义办学方向、高校思想政治工作实效、青年核心价值观教育成败的战略工程、固本工程和铸魂工程。

从网络技术融合的时代发展中把握新要求。随着互联网络技术和新媒体技术的迅猛发展，新媒体全面走向自媒体、全媒体、互媒体和动媒体的集合。总体上看，新媒体时代呈现数字化与海量性、多元化与交互性、个性化与自主性、匿名化与虚拟性等特点。新媒体重塑了媒体格局和信息传递形态、人际交往模式和组织方法，深刻影响着青年的信息接收方式和表达方式，运用新媒体联系动员青年成为新常态①。为更好适应新媒体时代信息载体、传播路径和青年接收习惯的巨大变化，从理念、体系、方法、手段等全方位，改革创新青年社会主义核心价值观教育工作方式方法已迫在眉睫。提升新媒体运用能力和水平，打造抖音、微博、微信、网站、QQ、bilibili（哔哩哔哩）等新媒体阵地集群。

二、厘清新媒体时代青年社会主义核心价值观教育存在的问题

问题是时代的声音，“除了通过提出新问题来解答和处理老问题之外，没

---

① 徐晓：《新媒体时代下进一步做好青少年工作研究》，《中国青年研究》2016 年第 1 期。

有别的方法……问题就是时代的口号，是它表现自己精神状态的最实际的呼声"[①]，坚持问题导向，是改革创新新媒体时代青年社会主义核心价值观教育的热切呼唤。习近平指出"从某种意义上说，理论创新的过程就是发现问题、筛选问题、研究问题、解决问题的过程"[②]，创新教育微路径开展青年社会主义核心价值观教育，必须认真梳理剖析运用新媒体开展核心价值观教育的短板和不足。

一是工作理念不够明晰。工作理念是实现青年社会主义核心价值观教育目标的关键，它为高校开展价值观教育的政策措施提供了依据。当前部分院校对新媒体时代青年价值观教育形势和现状认识不足，尽管按照上级部门的工作要求，开设了各类新媒体公众账号，却只是将其他新媒体平台的内容进行简单复制转载，没有立足校园文化和学科专业等自身特点进行消化吸收创新，把社会主义核心价值观文字内容生硬地列入新媒体宣传中，将已有党团相关活动直接冠名为社会主义核心价值观活动主题，青年社会主义核心价值观教育没有与新媒体内容载体有机结合，导致宣传内容针对性不强，主题活动呈现庸俗化、断裂性的特点。网络舆论引导不力，存在松散化、随意性倾向，政治强、业务精、作风好的青年网络宣传工作队伍还未真正建立起来，新媒体上对种种西方错误思潮和我国传统落后观念的有效批判显得相当乏力。相关学者调查显示，部分青年对当前各类党团组织所开通的官方新媒体平台存在呆板、枯燥等刻板印象[③]。部分青年反映，关注微博、微信公众号后，不仅不能从中学习认知核心价值观的精髓，反而产生厌恶、反感情绪。社会主义核心价值观教育在少数学生看来仅仅教师说说而已，学生听听则罢，走出课堂、走出校园便一切归零。

如何将社会主义核心价值观 24 字概念内涵转化为贴近青年学习生活的感性化实例，真正做到贴近实际、贴近校园、贴近青年，是青年社会主义核心价值观教育中存在的短板。线上线下青年维权服务联动机制普遍较弱，网络服务热线与网格化管理平台大多对接不畅，舆情监测、应急响应和快速动员机制更为缺乏。只有正视当今社会思想文化日趋多元的大背景，青年价值观呈现多样化的现实态势，以及一元引导、多元共存的媒体生态格局，以青年的全面发展

---

① 《马克思恩格斯全集》第 40 卷，人民出版社 1982 年版，第 289—290 页。

② 习近平：《在哲学社会科学工作座谈会上的讲话》，《人民日报》2016 年 5 月 19 日。

③ 许灿荣、徐喜春：《新媒体环境下青年社会主义核心价值观的培育研究》，《青年探索》2015 年第 1 期。

为根本，围绕青年、关照青年、服务青年，把握他们的思想变化和行为活动规律，充分尊重其主体地位，启发教育主体对核心价值观的体认和建构，才能通过青年的自我价值感知，达到自主价值认同，进而实现自觉价值践行。

二是引导体系不够完善。引导体系是做好青年社会主义核心价值观教育的突破口。由于地区来源、民族身份、学习基础等诸多因素，青年的学习背景和生活阅历各不相同，思维方式和行为习惯也各不相同，不同青年群体的思想问题存在差异性。由于认识欠缺、力量不足、资源缺乏等主客观原因，不少高校在开展青年社会主义核心价值观教育中，投入工作的时间和精力不足，直接采取大一统、单一化的引导方式，没有考虑少数民族、学生干部、转专业学生、文体特长生等不同群体的个性化需求，造成了新媒体时代青年思想引导的失声失语，引导方式方法单一，缺乏新媒体语境下对青年的人文素养培养。可以说，如果没有人文素养的培育、人文精神的塑造做思想铺垫，社会主义核心价值观将成为无源之水、无本之木。

只有充分认识青年中不同群体存在的差异、充分尊重不同群体青年的自身特点，确定不同层次、不同侧重、不同内容的社会主义核心价值观教育目标和引导方法，坚持把一对一指导与解决青年实际困难问题相结合，坚持把个性化指导与尊重青年时代特点相结合，增强青年社会主义核心价值观教育的针对性、适用性、普遍性、实效性，才能较好避免一刀切，在真正意义上实现对青年的有效凝聚和思想引领。只有利用新媒体因势利导，开展分类引导，了解青年的思想动态，细化引导内容和引导方法，强化人文素养培育，做好统一思想、凝聚人心、激发动力的工作，才能辐射带动更多青年。

三是阵地队伍不够健全。阵地队伍是开展青年社会主义核心价值观教育的基础保障。有的高校新媒体阵地队伍建设尚停留于应付上级主管部门工作检查的状态，新媒体管理不规范、更新不及时、信息不完整，存在重建设轻管理、重形式轻内容、重数量轻功能的问题。青年尤其排斥官方新媒体平台“只开不管”的现象。工作队伍力量不精、素养不高也是许多高校新媒体工作存在的实际问题。一所高校之中，从学校到学院，从职能部门到工作战线，从党组织到团组织，各类新媒体普遍开花，招募工作人员主体是在校学生，他们大多经验不足，素养不高，只能摸着石头过河来开展工作。在新媒体阵地广泛铺开的同时，工作力量并没有及时跟上，认知新媒体、使用新媒体的能力严重不足，影响了新媒体的产品输出和延伸覆盖。

新媒体时代是移动虚拟现实的时代，具有很强的及时性、交互性、开放性特点，青年对内容的需求和要求逐步提高。新媒体是一种多中心扩散式平台，微博微信作为青年重要的自我表达渠道，在接收信息后，喜好对信息进行加工和二次传播。青年在新媒体平台中发布各类视频、评论、图片等微数据，对社会主义核心价值观的认知呈现出碎片化、零散性的特点。需要通过组建思想过硬、素养优良、结构合理的新媒体工作队伍在青年社会主义核心价值观教育中持续发挥作用。

三、探索新媒体时代青年社会主义核心价值观教育的微路径

互联网代表着新的社会活动方式，新媒体推动着青年主流价值观教育的与时俱进，微平台催生着青年思想政治工作理念和实践的不断创新，大力推进大学生用网、占网、建网工程行动，积极构建具有思想引导、活动凝聚、参与评价、服务维权功能的网上青年教育平台。近年来，华中农业大学着力加强红微工作室新媒体矩阵建设，推进新媒体环境下青年社会主义核心价值观教育，红微工作室旨在弘扬核心价值观、传递青春正能量，其工作实践的经验值得总结推广。红微工作室有华中农业大学红色微博和红色微能量微信公众号两大平台，发布微信、微博共 1 万余条，粉丝共达 58 万。其中，华中农业大学红色微博是全国高校首个红色微博，上线近 7 年。时任湖北省委副书记张昌尔作出批示：华中农业大学红色微博的经验很好，针对性、吸引力强，要及时予以总结推广。多位省部级领导同志先后到红微工作室调研，予以充分肯定。红微工作室形成了新媒体时代社会主义核心价值观教育“互联网＋典型＋文化”的良好工作格局。

第一，创新服务内容，打造微空间。青年群体具有差异性，只有作为受众的青年学生感觉核心价值观与自己息息相关，才会体认践行。华中农业大学红微工作室改革采编部门设置，打破以部门为中心的工作机制，实行采编分开，对新媒体工作骨干实施统筹管理、打通使用，实现了对新媒体采编组织架构和流程的再造。举办周年分享会暨新媒体联盟研讨会，经常性组织工作人员进行新媒体专业培训，囊括理论学习、实践操作、业务研讨等多项内容。精心设置“党史上的今天”“红色影音”“环球视野”“神州扫描”“达人秀”“书香校园”“华农心语”“南湖论坛”等特色栏目，打造融思想性、教育性和服务性于一体的板块，各栏目板块内容既相互联系、相互贯通，又各有侧重，用青年的话讲好青年故事。在传播党团知识、引导关注时政、扩大典型宣传、营造读书氛围、提供信息服务、搭建交流平台等方面发挥了积极

作用，内容更丰富、形式更活泼，构筑了以青年思政教育网络阵地为目的的，以微博、微信为平台的新媒体矩阵。把社会主义核心价值观教育与华农青年日常学习生活紧密联系起来，使社会主义核心价值观教育像空气一样无时不有、无所不在，深受广大青年学生的接受和喜爱。将新媒体虚拟微空间与现实空间结合，坚持正确舆论导向，对青年进行全方位、多维度引导。从红色微博到红色微能量，红微工作室的新媒体平台已成为弘扬社会主义核心价值观的重要载体、校园文化建设的重要力量。2016 年共发文 1941 篇，先后推出了微党课 119 次、“两学一做”百人谈 20 余篇，与“学习小组”同步开展了“手抄党章 100 天”、组织参与“我和国旗合个影”活动等，“金色留声机”“下一个春天”等活动话题跃居新浪微博全国教育话题榜前列，这些新媒体活动为师生党员提供交流分享平台，青年在阅读新闻、案例、故事时能够自己去感受，帮助青年学有所思，学有所悟，在行动上有所改进。

第二，突出实践教育，树立微典型。利用红微工作室新媒体平台大力宣传校园内践行社会主义核心价值观的典范，创设“红微达人秀”活动，结合青年身边的人物和故事开展核心价值观教育，通过徐本禹、安玥琦等富有感染力、形象性和说服力的先进人物和故事，提供很好的价值标杆和榜样激励。志愿服务已经成为青年参与实践、认识社会的重要途径，志愿服务具有丰富的育人内涵，充分利用志愿服务的实践平台为推进青年社会主义核心价值观培育践行服务。习近平在给华中农业大学本禹志愿服务队回信中指出，青年学生“在服务他人、奉献社会中收获了成长和进步，找到了青春方向和人生目标”，“弘扬奉献、友爱、互助、进步的志愿精神，坚持与祖国同行、为人民奉献，以青春梦想、用实际行动为实现中国梦做出新的更大贡献”①。学习贯彻回信精神，选拔组建本禹班，开辟“本禹班志”新媒体专栏。线下学习和线上交流相结合，组织开展“学本禹·讲奉献”主题活动，研讨学习《有一种青春叫奉献——本禹和“本禹们”的爱心接力》一书，进行“耕读路上经管人”暑期实践，形成正向价值导向，逐步引领全体青年积极投身核心价值观的践行之中。举办“网络文明志愿者”宣言签名仪式，发布“清朗网络空间，看我青年力量”倡议，让各类实践教育标准化、常态化、持续化。进一步发挥学生党员先锋模范作用，以“党员先锋行动”为旗帜，依托

① 《习近平给华中农业大学“本禹志愿服务队”回信》，《人民日报》2013 年 12 月 6 日。

党员110、党员责任区、党员五爱工程等载体，引导青年学生争做思想政治先锋、理论学习先锋、规划实践先锋、创新创业先锋、服务奉献先锋、舆论引导先锋、自省自律先锋、和谐稳定先锋。运用“互联网＋”思维，举办线上朋辈导学沙龙和经验交流会，让身边的青年典型通过新媒体与广大青年分享互动，推动核心价值观教育落细落小落实。

第三，注重环境熏陶，培育微文化。“蓬生麻中，不扶而直。”文化引领风气之先，承载着核心价值观。通过青年日常生活中的文化熏陶，让青年在不知不觉中接受价值观的引导①。新媒体文化环境好比泡菜坛里的泡菜水，青年好比泡菜，优良新媒体文化环境有利于熏陶青年、感染青年、教育青年。红微工作室注重在新媒体产品中融入社会主义核心价值观内容内涵，融入中华传统文化的优秀宝库资源，持续性推送，日积月累，水滴石穿。摒弃传统教育中纯粹通过灌输式手段进行思想引领的方式，积极采用新媒体寓教于乐的渗透式方式，让青年在耳濡目染中坚定信仰。人文环境在社会主义核心价值观教育中起着基础性作用，通过持久穿透力的人文方式和富有生命力的人文内核的过程熏陶，让社会主义核心价值观深深根植于青年人文素养的肥沃土壤，成就坚定信仰的参天大树。华中农业大学原创话剧《牵挂》以学校支教志愿者徐本禹、献身西部支教事业的赵福兵和舍己救人的张瑜三位优秀学生为原型，塑造了主人公张福禹的鲜活形象，讲述了张福禹在西部贫困山区义务支教、奉献青春的感人故事，展现了新时代青年学生心系农村、心系农民、关爱山区留守儿童的高尚情怀，被誉为展示志愿精神的“正剧”和一份滋养心灵的“鸡汤”。红微工作室结合《牵挂》《雨花台》等话剧上演，专题推送资讯信息，鼓励青年学生观看分享互动，弘扬了时代主旋律，实现与青年的同频共振，增强了工作的时代感和吸引力。围绕庆祝建党95周年、纪念红军长征胜利80周年等重要节点，组织各类主题教育，积极开展“四进四信”活动，实现了社会主义核心价值观教育的全覆盖。红微工作室以“社会思潮的红色引领者，思政教育的网络主阵地以及青年学生的良师益友”为功能定位，努力成为有思想、有立场、有底线，有态度、有情怀、有深度的校园新媒体，形成了独具特色的“红微文化”，成为学生喜爱的新媒体文化符号。

① 佘双好：《以文化人与社会主义核心价值观践行培育的方法研究》，《思想教育研究》2015年第12期。

参考文献

一、著作

马克思恩格斯选集（1-4卷）［M］．北京：人民出版社，2012.

列宁选集（1-4卷）［M］．北京：人民出版社，1995.

毛泽东选集（1-4卷）［M］．北京：人民出版社，1991.

邓小平文选（1-3卷）［M］．北京：人民出版社，1993、1994.

习近平谈治国理政（第一卷）［M］．北京：外文出版社，2014.

习近平谈治国理政（第二卷）［M］．北京：外文出版社，2017.

习近平谈治国理政（第三卷）［M］．北京：外文出版社，2020.

骆郁廷主编．思想政治教育原理与方法［M］．北京：高等教育出版社，2010.

张耀灿等．现代思想政治教育学［M］．北京：人民出版社，2006.

张耀灿．中国共产党思想政治教育史论［M］．北京：高等教育出版社，1999.

陈万柏、张耀灿主编．思想政治教育学原理［M］．北京：高等教育出版社，2015.

郑永廷、徐建军．大学生思想政治教育理论与实践［M］．北京：高等教育出版社，2009.

郑永廷．思想政治教育方法论［M］．北京：高等教育出版社，1999.

刘大椿．社会和谐与人文关怀［M］．北京：中国人民大学出版社，2006.

戴维·米勒、韦农·波格丹诺．布莱克维尔政治学百科全书［M］．北京：中国政法大学出版社，1992.

李强．自由主义［M］．长春：吉林出版社，2007.

约翰·罗尔斯．正义论（修订版）［M］．何怀宏、何包钢、廖申白译，北京：中国社会科学出版社，2009.

约翰·罗尔斯．罗尔斯论文全集［M］．陈肖生，等译，长春：吉林出版集团，2013.

沈壮海、王培刚、王迎迎．中国大学生思想政治教育发展报告［M］．北京：北京师范大学出版社，2016.

马克·A．缪其克、约翰·威尔逊．志愿者［M］．魏娜译，北京：中国人民大学出版社，2013.

顾肃．自由主义基本理念（修订版）［M］．南京：译林出版社，2013.

姚大志．当代西方政治哲学［M］．北京：北京大学出版社，2011.

万俊人．现代西方伦理学［M］．北京：北京大学出版社，1990.

尼葛洛庞帝．数字化生存［M］．胡冰、范海燕译，海口：海南出版社，1997.

蒋宏、徐剑．新媒体导论［M］．上海：上海交通大学出版社，2006.

孔宪铎．我的科大十年［M］．北京：北京大学出版社，2006.

丁元竹、江汛清、谭建光．中国志愿服务研究［M］．北京：北京大学出版社，2007.

佘双好主编．志愿服务概论［M］．武汉：武汉大学出版社，2013.

马红宇、唐汉瑛等．办好一次赛会 锻造一批新人——第七届世界军人运动会志愿服务研究［M］．武汉：华中师范大学出版社，2020.

中共中央关于制定国民经济和社会发展第十四个五年规划和二〇三五年远景目标的建议（辅导读本）［M］．北京：人民出版社，2020.

中共华中农业大学委员会、共青团湖北省委员会．有一种青春叫奉献——本禹和“本禹们”的爱心接力［M］．北京：人民出版社，2015.

中共华中农业大学委员会编著．有一种情怀叫牵挂——原创话剧《牵挂》纪实［M］．北京：人民出版社，2017.

Jonathan Wolff. AnIntroduction to Political Philosophy［M］. Oxford：Oxford University Press，2016.

WillKymlicka. Contemporary Political Philosophy：An Introduction［M］. Oxford：Oxford University Press，2002.

John Rawls. A Theory ofJustice［M］. MA：Harvard University Press，1971.

Ron Miller. What Are Schools For? Holistic Education in American Culture [M]. Brandon, VT: Holistic Education Press, 1997.

二、论文

吴玉军. 个人自由与国家权力的边界——对古典自由主义自由观的一种考察 [J]. 同济大学学报（社会科学版），2017（2）.

徐克谦. 中国哲学之“是”与“实、事、史、时、势”[J]. 南京师大学报（社会科学版），2007（5）.

张纯厚. 当代西方的两种新自由主义——政治新自由主义与新保守主义的对立 [J]. 政治学研究，2010（3）.

李小科. 澄清被混用的新自由主义——兼谈对 New liberalism 和 Neo-liberalism 的翻译 [J]. 复旦学报（社会科学版），2006（1）.

何秉孟. 新自由主义：通向灾难之路——兼论新自由主义与自由主义的渊源和区别 [J]. 马克思主义研究，2014（11）.

周穗明. 自由主义：政治哲学与公共政策 [J]. 当代世界与社会主义，2002（1）.

杨玉成. 两种新自由主义与国际金融危机 [J]. 中共中央党校学报，2015（6）.

何秉孟. 再论新自由主义的本质 [J]. 当代经济研究，2015（2）.

方虹、翟柱玉. 警惕新自由主义对中国的渗透 [J]. 人民论坛，2017（1）.

傅秀玲、杨思基. 论我国当前发展中的问题和矛盾——新自由主义在我国的影响和后果之解析 [J]. 中国矿业大学学报（社会科学版），2015（6）.

杨叔子. 人文教育　现代大学之基——关于大学人文教育之我感与陋见 [J]. 南京农业大学学报，2001（1）.

杨状振. 中国新媒体理论研究发展报告 [J]. 现代视听，2009（5）.

陈向明、王富伟. 高等学校辅导员双线晋升悖论——一项基于扎根理论的研究 [J]. 教育研究，2021（2）.

杨智勇. 高校辅导员“双线”晋升的现实制约与解决路径 [J]. 思想理论教育，2020（12）.

杨洁、胡子祥. 重大突发性自然灾害救助中高校青年志愿者服务研究——以5·12 汶川大地震抗震救灾为例 [J]. 黑龙江高教研究，2010（9）.

陶倩、蒲菁斐. 美好生活视域下的中国特色志愿服务发展探析——基于习近平总书记关于中国特色志愿服务发展重要论述的分析 [J]. 思想教育研究，2021 (3).

邓若玉、邓淑华. 浅析回归生活世界的思想政治教育 [J]. 黑龙江高教研究，2017 (9).

魏娜、刘子洋. 论志愿服务的本质 [J]. 中国人民大学学报，2017 (6).

Essen，J. V. “On the Meaning of Volunteering：A Study of Worldviews in Everyday Life”. Foundations of Science，2016，21 (2) .

梁丽、代玉启. 应急志愿服务中思想政治教育功能的实现 [J]. 社会科学家，2020 (12).

田丽娜. 论新时代中国特色志愿服务的整体性发展 [J]. 思想教育研究，2021 (3).

冯刚. 增强高校思想政治教育持续发展的内生动力 [J]. 中国高等教育，2017 (Z2).

习近平. 在北京大学师生座谈会上的讲话 [J]. 中国高等教育，2014 (10).

朱艳. 香港科技大学的国际化办学理念及启示 [J]. 现代教育管理，2012 (5).

郭威. 基于全人教育的视角论学校思想道德教育的“全人模式” [J]. 教育评论，2015 (1).

徐晓. 新媒体时代下进一步做好青少年工作研究 [J]. 中国青年研究，2016 (1).

许灿荣、徐喜春. 新媒体环境下青年社会主义核心价值观的培育研究 [J]. 青年探索，2015 (1).

佘双好. 以文化人与社会主义核心价值观践行培育的方法研究 [J]. 思想教育研究，2015 (12).

三、报纸

习近平. 在文艺工作座谈会上的讲话 [N]. 人民日报，2015-10-15.

习近平. 坚持中国特色社会主义教育发展道路　培养德智体美劳全面发展的社会主义建设者和接班人 [N]. 人民日报，2018-09-11.

习近平．在庆祝中国共产党成立 95 周年大会上的讲话［N］．人民日报，2016-07-02.

习近平在中央党校（国家行政学院）中青年干部培训班开班式上发表重要讲话强调 年轻干部要提高解决实际问题能力 想干事能干事干成事［N］．人民日报，2020-10-11.

习近平．在全国抗击新冠肺炎疫情表彰大会上的讲话［N］．人民日报，2020-09-09.

习近平在中国政法大学考察时强调：立德树人德法兼修抓好法治人才培养 励志勤学刻苦磨炼促进青年成长进步［N］．人民日报，2017-05-04.

习近平．把思想政治工作贯穿教育教学全过程 开创我国高等教育事业发展新局面［N］．人民日报，2016-12-09.

习近平．给华中农业大学"本禹志愿服务队"回信［N］．人民日报，2013-12-06.

习近平．在哲学社会科学工作座谈会上的讲话［N］．人民日报，2016-05-19.

陈凤莉．书写新时代青年志愿者行动新篇章——在国家前行道路上留下青春印记［N］．中国青年报，2019-10-09.

习近平．加强政治建设提高政治能力坚守人民情怀 不断提高政治判断力政治领悟力政治执行力［N］．人民日报，2020-12-26.

习近平．充分发挥全面从严治党引领保障作用确保"十四五"时期目标任务落到实处［N］．人民日报，2021-01-23.

中共中央 国务院印发《关于加强和改进新形势下高校思想政治工作的意见》［N］．人民日报，2017-02-28.

张晓红．提升全社会志愿服务认知［N］．光明日报，2020-12-17.

李莉．文化视野中的高校德育创新视点［N］．光明日报，2009-11-26.

甘阳．中国通识教育的务实之道［N］．21 世纪经济报道，2009-07-06.